袈裟のはなし

久馬《きゅうま》慧忠《えちゅう》［著］

法藏館

袈裟のはなし　目次

袈裟のはなし

袈裟を着けることは、仏の心を身にまとうことなのです

はじめに

袈裟は、僧侶が衣の上に斜めにかけて着るものです。

当初は出家者専用の衣服だったのですが、現在では、出家在家の区別なく、また宗旨宗派にかかわらず、仏教徒にとって大切な必需品となっています。

袈裟は、その形、色、大きさ、着け方に至るまで、実に千差万別、数えきれないほどの種類があります。当初の形である長方形の大きさのものから、後に簡略化された畳《たたみ》袈裟、横五条、種子《しゅうじ》袈裟、絡子《らくす》、輪《わ》袈裟、結《むすび》袈裟などが考案され、一般に使用されるようになりました。

しかし、これらの袈裟も原点に返れば、衣財や色、大きさなど細部に至るまで、お釈迦さまご自身が、仏弟子のために自ら定められたものです。私たちはこのことを決して

釈迦如来倚像（通肩にて胸元より腕を出し印を結ぶ）　深大寺

忘れてはならないと思います。

本書では、これらの多くの種類を一括して、袈裟の意義についてわかりやすく述べることを意図しました。

仏教徒のひとりとして、世に広く、袈裟の本当の在り方を認識していただくことも大切だと思い、またそれがお釈迦さまのお心に適うことになればと願っております。

一　袈裟の成り立ち

袈裟の成立年代は定かではありません。しかし、およそ今から二千五百余年前（一説では紀元前五六五年四月八日）に出生されたお釈迦さまが、ご自身で定められたものであることは確かです。

お釈迦さまは、王城での裕福な生活に満ち足りぬ思いを抱き、世の無常を感じて、出家の念ますます強くなり、ついにカピラ城を出られ、六年間の長きにわたり苦行を積まれました。しかし、その苦行によっても真実の道を得ることができなかったといわれています。

そこで心機一転、尼連禅河のほとりで沐浴をして身を浄め、村女の捧げる乳製品を食して気力を復し、菩提樹の下で端然として坐禅をされました。そして、ついに明けの明星を見て、大悟されたと伝えられています。

人間の生きる真実の道を会得し、真理に目覚められたのです。

その後、徐々に仏弟子や一般の人々に、お釈迦さまの教えが広まっていきますが、仏教誕生当初からしばらくの間は、袈裟という仏弟子専用の衣服など全く必要なかったと思われます。おそらく多くの仏弟子達は、当時のインドの一般の人達が着用していたのと同じく、裁断も縫合もしない大きな布をそのまま体に巻きつけていたものと考えられます。

ところが月日が経つにつれ、仏弟子や信者も増加し、初期仏教教団が形成されてくると、そこにはさまざまな問題が生じてくるようになったのです。

お釈迦さまの在世当時、その教えに深く帰依されたビンビサーラという王様がいらっしゃいました。ある朝早く、王様が象に乗って外出されたとき、途中の道で仏弟子らしい人に出会いました。早速礼を尽くそうと思い象より降りたのですが、よく見るとその人は仏弟子ではなかったのです。見誤ったとはいえ、相手ともども大層気まずい思いをされたに違いありません。また、このことは、お釈迦さまの耳にも入ったと思われます。

さらに仏弟子の数が増えるに従って、予期せぬ問題も起こります。仏弟子の中には、お金持ちでたくさんの衣類を所持する者や、派手好みの人もあって、一般の人から見ると、お釈迦さまの教えにそぐわない、いわゆる仏弟子らしからぬ人々も出てきたようです。極端な人になると、できるだけ質素な生活をするようにというお釈迦さまの教えを盾にとって、一糸まとわぬ不心得者も出る始末です。

このようないろいろな問題が重なっては、きっとお釈迦さまも日夜お心を痛めておられたことでしょう。いずれ機会をみて、仏弟子の衣服としてふさわしいものを作りたいと願っておられたに違いありません。

そんな折も折、夏の初め、南方の村々への説法の旅の途中のことです。小高い丘の上に立たれたときに、眼下一面に広がる美しい水田を目にされました。文献によれば「畦畔斉整《けんぱんせいせい》」とありますから、田植え後しばらくしたあの青々とした景色、しかも大小さまざまな形の入り組んだ水田風景だったと想像されます。お釈迦さまは瞬時に、これだと直感され、早速お供の阿難《あなん》に申されました。「阿難よ、おまえはこの美しい田をよく見ましたか」「はい、よく見ました」阿難は答えていいました。お釈迦さまは「おま

田 相 図

えは、多くの仏弟子達のために、このような形を模して、仏弟子の衣服を作ることができるか」「はい、お釈迦さま。わたしは作ることができます」と阿難ははっきりと答えました。

このように、お釈迦さまは水田からヒントを得られ、それを聡明な弟子阿難がよく意を汲んで、今日のような袈裟の原形が形づくられたのです。実に名コンビといわざるを得ません。

後日、お釈迦さまは「阿難聡明にして大智慧あり、我ために略しとけり、しかもよく広くその義を解す」と賛嘆されておられますが、まさにむべなるかな。

袈裟ある限り、永遠に忘れることのできない貴重なお話です。

二　袈裟の特長

(1)　水田を模す

すでに述べたように、袈裟は水田を模して作られたものですが、それは今日のように農地整備された大きく形の整った水田とは違って、大小さまざまな形の田が入り組み、それぞれの田が細い畦道で区切られた水田の風景だったと思います。

今日、多種多様の袈裟があるとはいえ、幸いなことにどの宗旨宗派の袈裟も、よく見ると、大小の田の部分があり、また畦道もあって、阿難さま創作の袈裟の原形をとどめていることは誠にありがたいことです。

良き田に良き苗を植え、良く世話をすれば、秋にはきっと良き実りが得られるように、道を求める志をもって一生懸命に修行に励めば、いつの日にかきっと真実の道に目覚めることがあるという意味なのでしょう。

袈裟のことを、別名「田相衣《でんそうえ》」あるいは「福田衣《ふくでんえ》」とよぶのもまさにその意味からです。

(2)　実用着として

今でこそ、袈裟は衣の上に斜めに着けていますので、どちらかといえば装飾的な意味が濃くなっていますが、当初はもっと実用的な意味合いが強かったようです。

仏弟子の衣服とはいうものの、特別形の変わったものを作るわけにはいかず、さまざまに考えられた末に、結局インド古来の衣服である、サリーに模して作られたものと思います。ただ現在私達が目にするサリーに比べてやや小さ目にできています。全身を覆うのに最低の大きさが考えられたのでしょう。

インドのような暑い国では、簡単な汗取り用の、上下に分かれた下着の上に、直接肌に触れるような形で袈裟を着けるのですから、実用着そのものの役目を果たしていたと思われます。

仏陀立像（通肩）　5世紀　インド マトゥラー出土

そののち袈裟は、より装飾的な意味が濃くなり、人に見せるための衣裳として発達、変化してきました。これも、気候風土の違い、または時代の流れとして見ればやむを得ないことかもしれません。

お釈迦さまが定められた袈裟は、現在の形とほぼ同じ長方形で、タテ、ヨコの長さの比率がおよそ三対五の布です。

袈裟は、今日実際に着けてみても決して便利だとは思えません。洋服や着物とも全く勝手が違い、長方形の大きな布を、右肩脱いで斜めに着けるのですから、慣れるのに時間がかかります。

でもたとえ少しぐらい不便でも、この形を守り後世に残していくことは、お釈迦さまのお心を忘れないためにも、仏教徒としてとても大事な仕事だと思います。

そう思って慣れてしまえば、さほど不便を感じなくなるのも不思議なことです。

(3)　お釈迦さまが制定されたもの

田の形にヒントを得て創作されたとはいうものの、袈裟がある程度完成された形に至るまでにさまざまな過程を経たことは、古い文献を読んでいるとわかります。

問題が生じるごとに細かい定めができていったと思われるのですが、そうしたことも含めて、袈裟制定については、すべてお釈迦さまが直接決められたのです。世界広しといえども、教祖自らが弟子のために衣服を定めたことを他に聞いたことがありません。しかも、後述するように、細部にわたり仏弟子の生活規範となすべき重要な要素がもり込まれているのです。つまりお釈迦さまの教えが全体にいきわたっているのです。ですから「袈裟を着けることは、仏の心を身にまとうこと」となる訳です。

それ故に、仏教徒として、教えのシンボル、旗印として胸を張って堂々と着けたいものです。

お釈迦さまの教えの中には、自分の袈裟は自分で縫うことが定められています。十大弟子といわれる方々も、自分で縫われたようです。後述するように、御目の不自由な阿《あ》那律《なりつ》尊者が自分の袈裟を縫われた時には、お釈迦さま御自ら針に糸を通してさしあげ、さらに多くの仏弟子が助針をされて仕上げられた話もあります。

また修行に厳しかった迦葉《かしよう》尊者が、袈裟を縫う時、お釈迦さま自らが布をお手に取り、阿難尊者が布を裁ち切り、大勢の仏弟子が助針されたことなども伝わっております。今日でもその意図にそって自分で縫っておられる人もたくさんあります。私も十年余り把針指導したヨーロッパ各地の参禅者が、熱心に黙々と運針する姿を目にしてきました。

手の上手下手や針目の大小など全く関係ありません。要は一針一針いかに真心をこめて縫うかということです。

(4)　大きさと着け方

袈裟の大きさは、それぞれの体に合わせて作ります。でも少しぐらい長くてもまた短くてもさほど気にしなくてもいいでしょう。

通常私達僧侶は、衣の上に右肩を肌脱ぐようにして斜めに着けます。でも右肩左肩の両肩をすっぽり覆う着け方もあります。

前者を「偏袒右肩《へんだんうけん》」といい、後者を「通肩《つうけん》」といいます。

古い仏像では、この両肩を覆う通肩の着け方が多いようです。仏像の場合、通肩に着けると、両肩も両手も袈裟の下に隠れてしまいます。でも仏さまは、さまざまな印を結んだり、持ち物等もあって、その場合両手を袈裟の下部より出すか、もしくは右手のみ胸前のところより出し、左手は袈裟の下部より出されるお姿が多く、仏さまによって袈裟を着けられたお姿がかなり異なります。通肩にして右手を胸前より出した時、袈裟の端がわずかに右肩にひっかかって残ってはいるのですが、これを偏袒右肩の着け方と見誤ってしまうこともあります。

ガンダーラ仏立像（通肩）　２世紀頃

ガンダーラ仏胸像（偏袒右肩）
2～5世紀頃

昔から、袈裟を研究するには、古い仏像をよく観察するようにといわれていますが、たしかに学ぶべきことがたくさんあります。

インドの古い仏像（ガンダーラ、マトゥラーなど）が、肌身の上に直接袈裟をまとっておられるのは当然のことで、元の姿がよくわかります。そしてさらによく見ると、裙子とよばれる腰衣の下着を着けたお姿が、紐も含めて明らかに見ることができます。

私が特に幸いだと思うことは、インドに比べて気候・風土の異なる中国や日本の仏像においても、インドの仏像と同じように、肌身の上に直接袈裟だけを着けておられることです。ごくまれに、衣の上に袈裟を着けておられるお姿もありますが、ほとんどの場合、元の形が守られております。

なぜ偏袒右肩という、右手を出す着け方になったのか定かではありませんが、おそらく古来から右利きの人が多かったせいでしょうか。右手を自由に使えるようにしておくのは、目上の人のために、いつでもご用をさせていただくという姿勢を表しているようです。

(5) 返し針

普通の着物等を縫うのとは違って、袈裟はすべて返し針で縫うことになっています。つまり一針返しです。

着物と同じような縫い方では、糸の端をもって強く引き抜けば糸が抜けてしまうことも考えられますし、その結果全体がほどけてしまうことすらあります。

実は、袈裟も当初は普通の縫い方であったようです。古い文献によれば、仏弟子の舎《しゃ》利弗《りほつ》さまが、大衆の目前でいたずらされ、糸目を引き抜かれ、立ち上がった瞬間に、袈裟がパラッとほどけて地に落ち、裸身をさらけ出し、大変恥をかいたことがあったようです。

それが因となって、より丈夫にするためにと返し針で縫うことが定められました。たしかに手間がかかりますがそれだけに丈夫です。この返し針のことを「却刺《きゃくし》」ともいいます。

古来より袈裟を縫うのに「一針三礼」とか「一針一礼」という言葉もあるように、針目にとらわれず、一針一針心をこめてただひたすら針を運ぶことが、何よりも肝要なことです。

(6)　割截衣

割截《かっせつ》とは、大きな布を、定められた田相に従って細かい布片に裁断することであり、それをさらに返し針でつなぎ合わせて一枚の袈裟に仕上げます。五条衣から二十五条衣まで条数が多くなるほど裁断する布片も小さくなっていきます。大きな新しい布を、惜し気もなく細かく切っていくことには、いささか抵抗もあるかもしれませんが、これは絶対条件なので必ず裁断せねばなりません。最初、阿難さまがお釈迦さまの意を体して作った袈裟も、実はこの割截衣だったのです。

布が十分にない場合とか、糞掃衣《ふんぞうえ》のように、不要になって捨てられた布を集めて作る場合には、帖葉衣《ちょうようえ》という作り方もありますが、袈裟の基本形といえばこの割截衣です。細かく裁断された布から作られた袈裟ですから、人に盗られる心配もなく、心静かに修行に励めたでしょう。

(7) 布の種類と色

お釈迦さまは、袈裟を作る布の種類についても詳しく述べられています。要約すれば、当時一般に用いられている布ならば、すべて許されております。ただ特別変わった織物だったり、特に高価なものや、無理矢理手に入れようとしたものについては厳しく戒められています。常識の範囲内で考えればよいのですが、よく調べてみると、布の種類そのものより、いかにしてその布を入手したのかという、いわゆる求め方がより大事な問題だったと考えられます。布の入手方法ということになれば、今日でも心して対処せねばならぬ重要な事柄です。

日本では、昨今袈裟がますます派手になる傾向にあります。長い年月を経ることで、元の在り方から離れていくのも、あるいはやむを得ないことかもしれませんが、袈裟本来の創作意図に返り、修行の衣服として、できるだけ飾る心を抑え華美を避けたいものと痛感します。

次に、袈裟をどのような色に染めるかということになりますが、実はこれはとても難しい問題です。そのときどきの一般的な色彩感覚がポイントとなるわけですが、二千五百年前のインドの色彩感覚と、昨今の日本とではまさに雲泥の差があります。また時代に関係なく、原色を好む国もたくさんあります。

しかしお釈迦さまとしては、当時一般に好まれている明るい色を避け、わざわざ人の好まない色を袈裟色として定められたのです。専門用語ではその色を「壊色《えじき》」とか「濁色《じょくしき》」とかいいますが、要するに鮮明な色でなく、濁ったような、どちらかといえば汚い色のことで、その当時人に好まれない色だったのです。

そのほか今日では「木蘭色《もくらんじき》」という茶系統の色もよく目にします。もとはインドに自生する木蘭樹の樹皮を染料にして染めた色のことです。実際には仏弟子が自分で染めたので、濃淡や染めむらなどあって、専門家が染めるように上手には出来上がらなかったようです。茶系統といっても、これまたさまざまで、薄いものから濃いもの、赤が混じるか、黄が多いのか、容易に判断することができません。お釈迦さまのお心を考えれば、できるだけ濃い目の地味な色がよいと考えられます。

実は袈裟という言葉は、袈裟色衣《けさしきえ》というのが正しいので、これは染色名なのです。「木蘭色」のほかに、「青黒色《せいこくしょく》」（松葉色）やネズミ色も袈裟色として許されています。もちろん布は、地模様も、透かし模様も、縞模様、絵模様もすべて許されておらず、すべて無地と定められております。

(8) 少欲知足

辞典よれば、「少欲知足《しょうよくちそく》」とは「欲を少なくして足ることを知る」とあり、読んで字のごとしです。

これはいつの世でも、仏弟子の生活態度としては最も肝要なことであり、いや仏弟子ばかりでなく、一般の人々においてもとても大切な生活信条といえます。

良寛さまは、そこのところを「欲無ければ一切足り、求むる有りて万事窮す」とズバリいっておられます。恥ずかしいことですが、仏弟子である私どもも、万事窮することばかりで、行き詰まりの連続です。

欲望の趣くまま突っ走ったのでは、どこまでいっても不満ばかり、やがては身の破滅を招くこと必定です。とはいうもの、物豊かにして心貧しい昨今の世情、物余りの日本の社会の中で、その渦にすっぽり巻き込まれているのは皆ご同様、人ごとではありません。

「少欲知足」の言葉が、なんともむなしく響いてきてならない昨今ですが、前述しましたように、この「少欲知足」の心を、私たちの目に見える形で現代に伝えているのが、袈裟なのです。人間の欲、迷える煩悩をいかに鎮めるかということを、私たちは袈裟を身につけることで学んでいきたいものです。

袈裟を着けながら、己の奢りたかぶる心を助長するようなことがあってはなりませんし、争いごとを起こしたり、自己の利益のためにのみ働くことがあるのならば、これほど罰当たりなことはありません。

(9) 条数について

袈裟は、タテに短い布片と長い布片を縫い合わせ、一本のタテ長の布片を作ることから始めます。この一本のタテ長のものを、条といいます。これを横に五本並べると五条衣、七本ならば七条衣、二十五本並べると二十五条衣となります。通常は五条衣と七条衣がほとんどです。

「横五条」「小野塚五条」「威儀細《いぎぼそ》」「絡子」「輪袈裟」とよばれる略衣は、五条衣を着けやすいように縮小したものです。

また略衣には「加行《けぎょう》袈裟」「梶井袈裟」「折五条」「半袈裟」「畳袈裟」など名称もさまざまです。なかには畳んであるものを広げると、七条とか九条のような形をした輪袈裟もあります。

条数でいえば、一番条数の少ないのが五条衣、一番条数の多いのが二十五条衣です。五条衣から二十五条衣までの間ならば、奇数の条数であればどれを作ってもよく、全部で十一種類の袈裟があるわけです。これもお釈迦さまが直接定められたものです。

どんな事情があっても決して偶数の条数は許されていませんし、二十五条以上の袈裟も作ってはなりません。

なぜ奇数に定められたかについては、一切述べられてはいません。

しかし、考え得るに『法華経』方便品に「唯有一乗法・無二亦無三」（仏の教法はただ一乗真実の教えであり、一切の差別なし）と説かれてあり、また「一如」（真実の理は一つ）という言葉もあるように、真実の道は、差別や比較の世界ではないと理解してもいいでしょう。

また古来より奇数は吉相といわれています。偶数が思慮分別の世界、人のモノサシの世界とするならば、奇数は、それにとらわれない世界、仏のモノサシの世界と解してもいいと思います。

なお、九条衣から二十五条衣までの九種類の袈裟を総称して「大衣《だいえ》」といいます。

⑽　袈裟は布の成仏である

ある老師は、「袈裟は布の成仏である」と明言されました。

慈雲尊者護持糞掃衣　高貴寺

布と袈裟の関係を、これほどまでに的確に、しかも簡明に表現された言葉を、私はいまだかつて聞いたことがありません。

袈裟でも略式袈裟でも、これを身につける時には、まさにこのように受け止めることが大事です。

考えてみれば、人間でも五穀絶ちから始まって、やがてめでたくミイラとなる即身成仏があります。木が木仏像に、銅が金仏像に、土が塑仏像に、石が石仏像に、麻と和紙が乾漆仏像に、崖岩が磨崖仏になるというならば、布が立派な布仏像になって何の不思議がありましょう。

布が成仏するとはまさに言い得て妙です。お釈迦さまのお心もそのあたりにあったのでしょうか。しかも、袈裟の中でも、最尊最上の袈裟といわれる糞掃衣というのは、いらなくなって棄てられた、いわゆる人の惜しみの全くかからない布の端切れを拾い集め、洗い染めたりして、丈夫な部分をつづり合わせ、さらにサシコ（雑巾刺《ぞうきんざし》）を施して一枚の袈裟に仕上げるのです。これこそ棄てられた布を再利用する訳ですから、見事なまでの布の変身、これほどまでの布の成仏は他に類がありません。

⑾　袈裟の種類（裁縫別）

袈裟を裁縫別で分ければ、次のようになります。

五条衣に限る
- 縵《まん》衣《ね》（一枚布に周りの縁と紐をつけます。条数はありません）
- 屈摂衣《くっしょうえ》（一枚布を少しずつつまみ込んで葉《よう》の部分を作ります）

全ての袈裟に共通
- 割截衣（長短の布に截《き》り分け、葉の部分を重ねて縫います）
- 帖葉衣（布が十分にない時、一枚布の上に別布にて葉を貼りつけます）
- 糞掃衣（不用の布を用い、サシコを施し、時には山形等の布を貼りつけて仕上げることもあります）

縵衣と屈摂衣は、ほとんど着けられることはありません。私も見本として護持しているだけです。

このほかに、葉の部分の縫い方としては、馬歯《めし》縫い（馬の歯形に縫う）、鳥足《ちょうそく》縫い

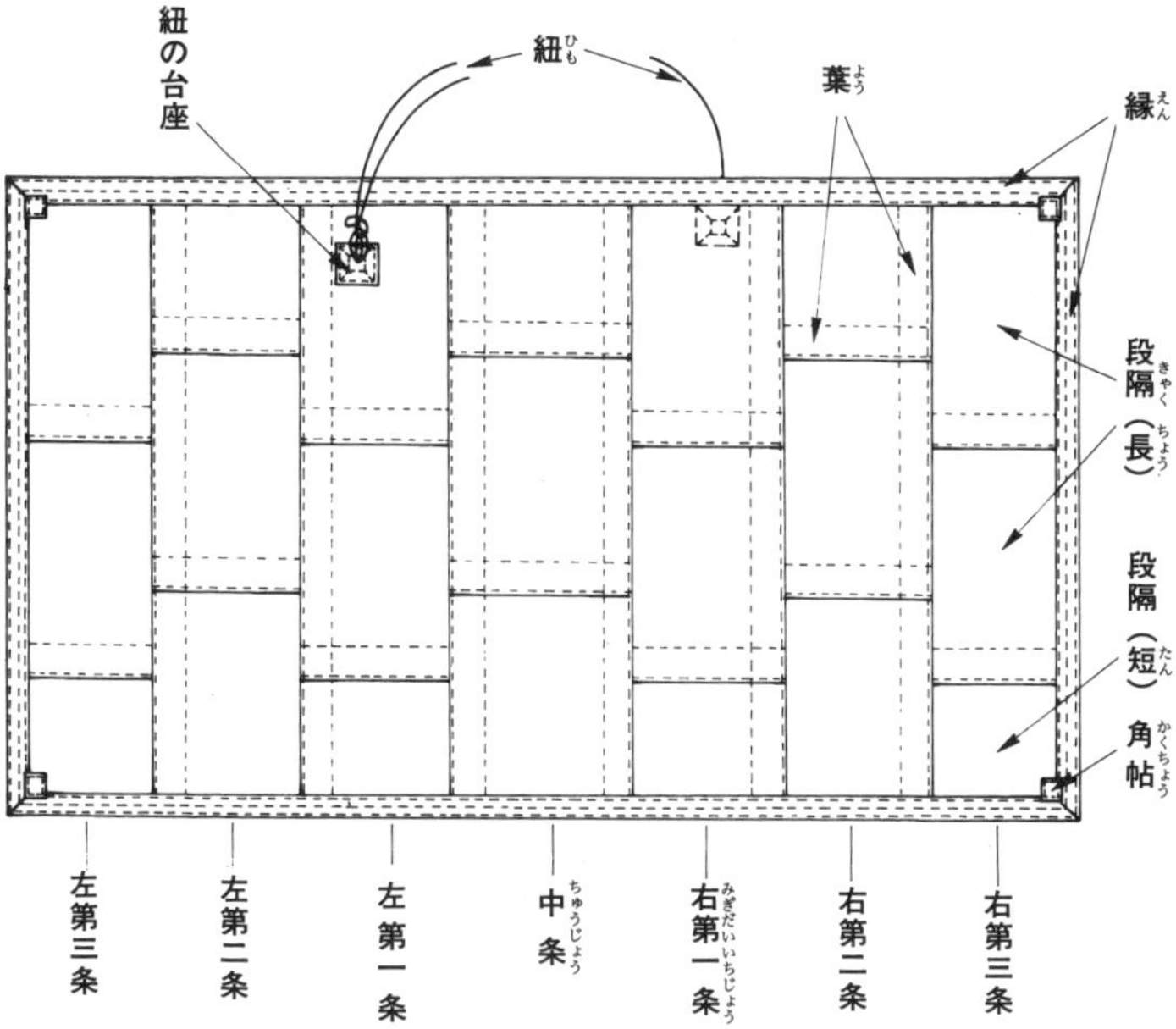

袈裟各部の名称（七条割裁衣）

（鳥の足跡の形に縫う）、略馬歯縫い（T字形等）等ありますが、いずれも返し針で縫います。

馬歯・鳥足・略馬歯とも、葉の部分の片方を開ける（開葉という）縫い方です。でもほとんどの場合、葉のタテ葉もヨコ葉もすべて閉じる（刺葉という）縫い方が多いのです。

⑿　袈裟の別名

袈裟には、形・色・用途・

作り方・働き等によってたくさんの名称があります。ここでは代表的なものを記します。

三《さん》衣《ね》　五条衣・七条衣・大衣の三種類の袈裟
僧《そう》衣《え》　僧侶の着ける袈裟
守《しゅ》持《じ》衣《え》　大切に護持し着ける袈裟
染《ぜん》色《しき》衣《え》　袈裟色に染められた袈裟
壊色衣　人の好まない色に染められた袈裟
方《ほう》服《ぶく》　長方形の袈裟
田相衣　田の形を模した袈裟
法《ほう》衣《え》　仏の教えを表した袈裟
道《どう》服《ふく》　道を求める人のつける袈裟
功《く》徳《どく》衣《え》　袈裟功徳のある袈裟
仏《ぶつ》衣《え》　お釈迦さまと同じ袈裟
蓮《れん》華《げ》服《ふく》　泥より出て泥に染まぬ教えの袈裟

解脱服《げだっぷく》　こだわりを生じさせない袈裟
吉祥服《きちじょうふく》　とてもめでたい袈裟
如法衣《にょほうえ》　お釈迦さまのお心にかなった袈裟
入衆衣《にゅっしゅえ》　修行僧と共に着ける袈裟
大　衣　九条より二十五条までの袈裟
重複衣《じゅうふくえ》　古布は二重、もしくは三重四重以上布を重ねて作られた袈裟
乞食衣《こつじきえ》　托鉢時につける袈裟
九品衣《くぼんえ》　九種類の大衣

⒀　点　浄

点浄《てんじょう》という言葉は、あまり聞き慣れぬ言葉だと思います。今では、袈裟に点浄が必要であること自体ほとんど忘れられているようです。

点浄というのは、袈裟の端（主に縁の裏側）に小さな汚点をつけることです。

お釈迦さま在世当時は、自分の持ち物と、他人の持ち物の区別をつけるためにつけた

単なる目印だったのです。今でいえば姓名を書くことと同じです。単なる目印ゆえに、むやみに大きくしたり、また小さすぎて判別できなくても意味がありません。さらに、華形（花の形）のような飾り模様も許されていません。

なお、目印なので、袈裟の布と同色では判明することも困難となりますので、布色と異なった色で点をつけることも定められています。主には、墨とか朱墨等を使っております。

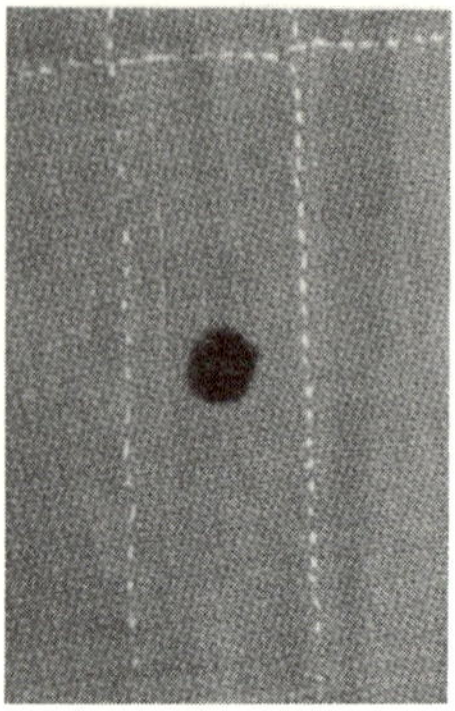

点　浄

新しく出来たての袈裟に、わざわざ点をつけて汚すとは一体どういうことでしょうか。しかも、それを点で浄めると書くのですから不思議です。

昔、とても律儀なお坊さんは、お金に直接手を触れないで、お箸でつまんで勘定したとか、草履や下駄等も先に人に足を通してもらってから、そのお古として履いたということも聞いております。意図するところはそれと同じでしょう。

私ども仏弟子としては、新品を身に着けることは遠慮して、先に人様に汚していただき、そのお古を着けさせてもらうという、誠に謙虚な心配りを表しているのだと素直に受け止めたいものです。

たとえ点は小さくとも、その意味は大きく、仏弟子として、いや仏教徒全般の問題として、忘れてはならない心構えの一つだと思います。

⑭　五十展転

仏教用語に五十展転《ごじゅうてんでん》という言葉があります。もとは「五十展転随喜」といって、法華経を一人より五十人まで展転して相伝え随喜する意味でしたが、これを袈裟功徳に当てはめると、次のように考えられます。

ここに、初めに袈裟を着けた人があります。次にその袈裟を着けた人を見た人があり、さらに次には袈裟を見た人を見た人がある。そうして順次、人から人へと五十番目の人にまで、初めの人と何ら変わりのない袈裟功徳が行き渡るというのです。

しかも、初めの人と二番目の人はたしかに袈裟を見ていますが、三番目以降の人は袈裟とは何ら関係ありません。袈裟に直接手を触れ身に着けた人はただの一人なのです。

初めに袈裟に触れ身に着けた人に、袈裟功徳が備わるのはわかりますが、五十番目の人にまで初めの人となんら変わりない袈裟功徳が行き渡るというのですから、常識では到底考えられません。ところが、そこが仏のモノサシの偉大なところで、初めの人も五十番目の人も全く同じ力の袈裟功徳が成就するというのです。

不思議な話ですが、もう信じるより手はありません。実はこのような話は、お経のなかにも随時出てきます。

考えてみれば、五十という数字は、数え切れないほどの数字ということで、世界一杯、いや宇宙一杯ということで、一人袈裟を着ければ、宇宙一杯袈裟功徳が充満していることになります。一人の坐禅、一人の念仏も実はこれと同じです。

人間のちっぽけな頭、いわゆる人のモノサシで簡単に判断すると、とんでもない間違いが生ずるのです。

三　袈裟の縫い方

私は以前に、身長に合わせた『袈裟標準寸法表』を作成し、それに基づいて、全体量と部分量の割り出し方や計算方法を詳しく書いたのですが、ここでは寸法は記さず、袈裟の仕組みがわかる程度に簡単な縫い方を図示します。

(1)　寸法について

簡素にして端正に身だしなみを整えるためには、何よりも自分の体に合った大きさの袈裟が必要です。

袈裟全体の寸法を割り出すには、直接法（直接衣財を自分の体に当てて、全体のタテ・ヨコの長さを測る）と間接法（自分の肘の長さを使って全体のタテ・ヨコの長さを測る）の二つがあります。

また部分的な寸法を測るには、手をいっぱい広げた親指と中指の長さ（一張手《いっちょうしゅ》という）を基準にし、さらには人差し指の第一関節の指幅（一指《いっし》という）を使うこともあります。

慈雲尊者の『方服図儀略本《ほうぶくずぎりゃくほん》』に「その葉相《ようそう》きわめて広きは四指、きわめて狭きは麰麦《こうばく》」と記されていますが、いずれにしても、実におおまかではありますが、合理的な方法だと思います。

(2) 返し針（却刺《きゃくし》）

返し針は図の通りです。

表は点のように、裏はミシンのように見えます。表裏共に糸目については何もきまりはありません。各自さまざまあっていいと思いますが、上手下手や糸目の粗細はともかくとして、どれほど心をこめて縫ったかということが大切です。

返し針図解

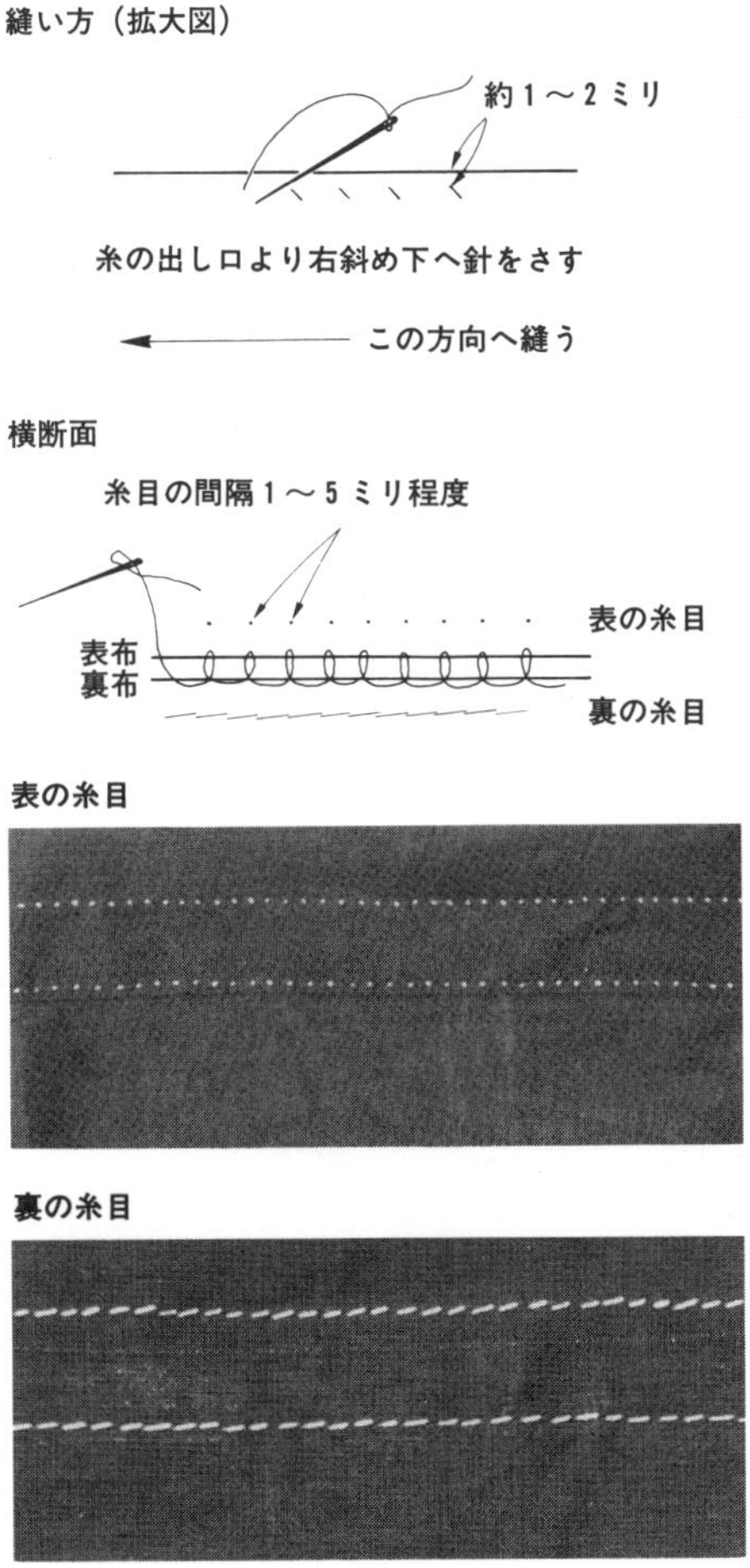

(3)　葉の縫い方

袈裟の田の部分を区切るあぜ道に当たるところを「葉《よう》」（袈裟図参照）といい、短かいヨコの葉と長いタテの葉があります。

今はほとんど、タテ葉の左右とヨコ葉の上下の端のところを返し針で全部押さえて縫う（刺葉《しよう》）方法がとられていますが、古くはその一返は少し開く（開葉《かいよう》）ように縫われていました。開葉は、葉の部分を丈夫にするために、馬歯縫《めしぬい》、鳥足縫《ちょうそくぬい》、編葉辺《へんようへん》の三つに分けることができます。

参考までに主なものを図示します。

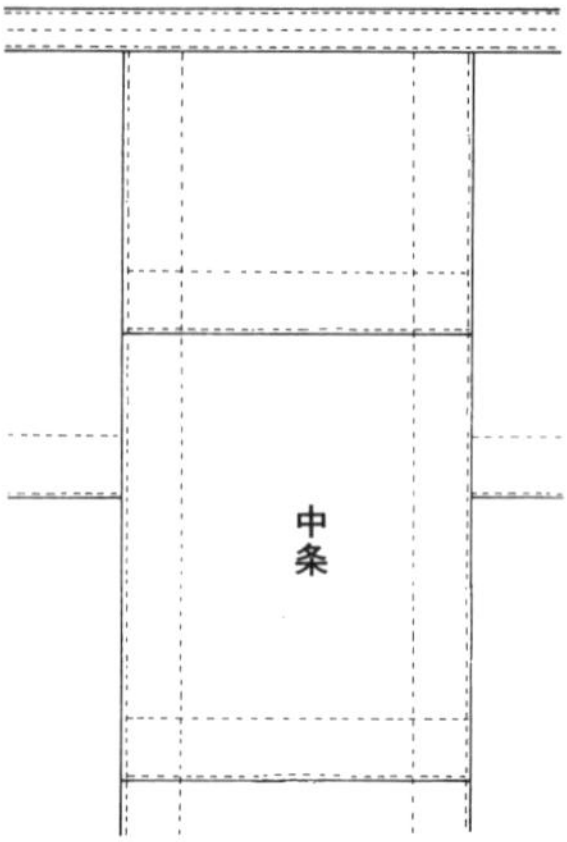

刺葉（両辺を押さえる）

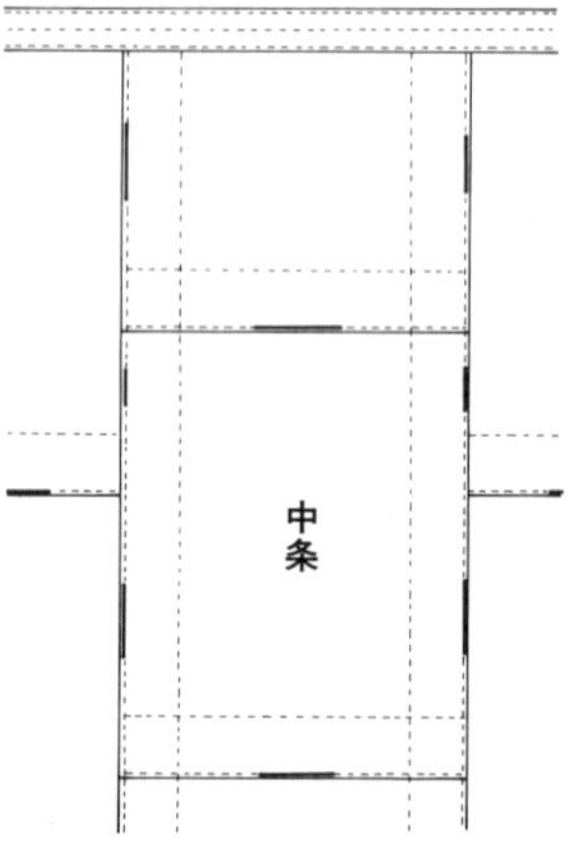

開葉（一辺を開ける）

—開葉部分

一　馬歯縫《めしぬい》

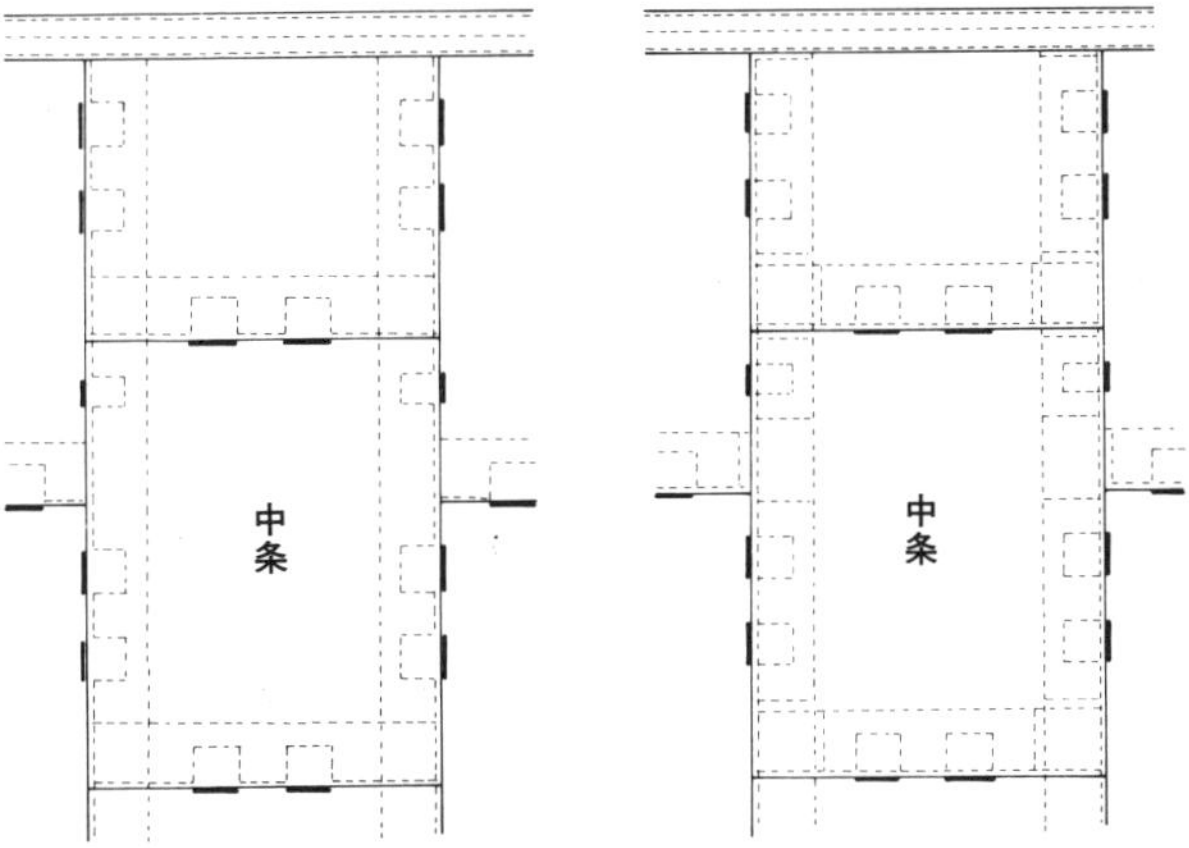

二　鳥足縫《ちょうそくぬい》

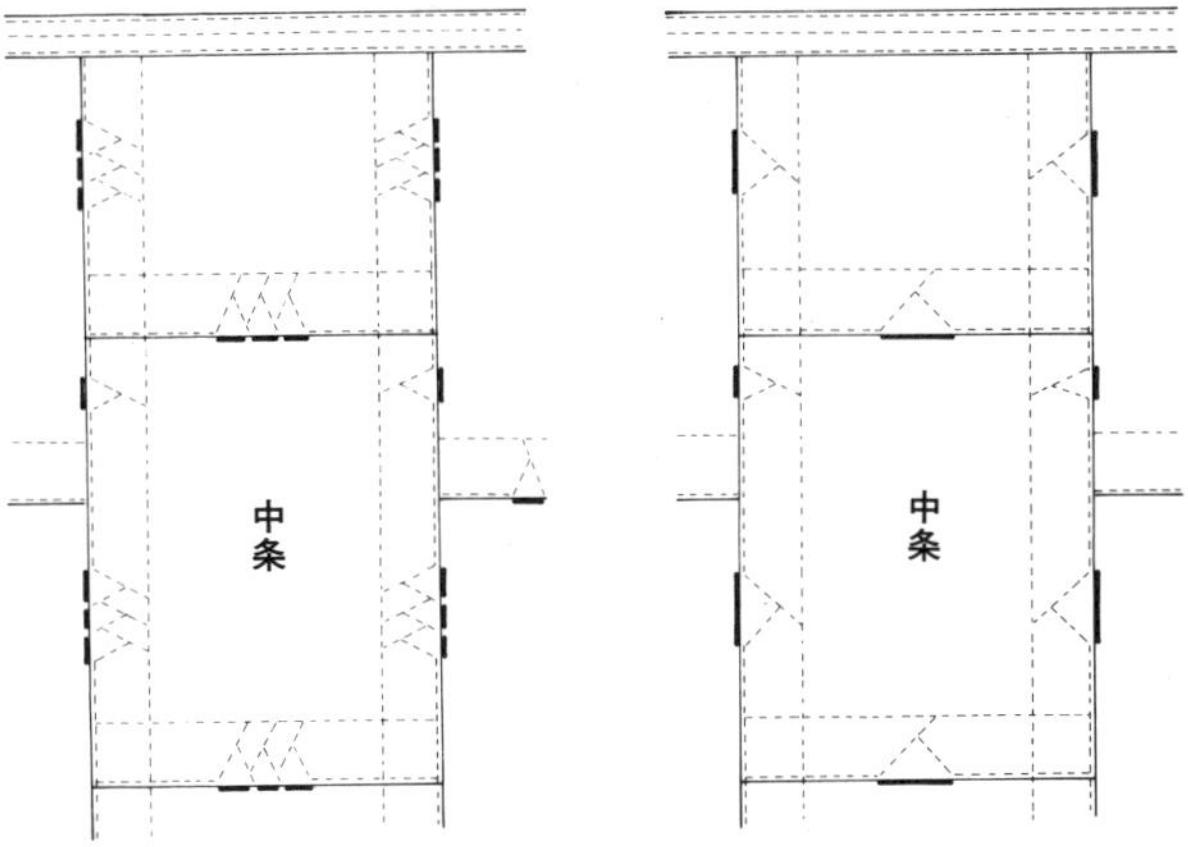

三　略馬《りゃくめ》歯縫《しぬい》

―開葉部分

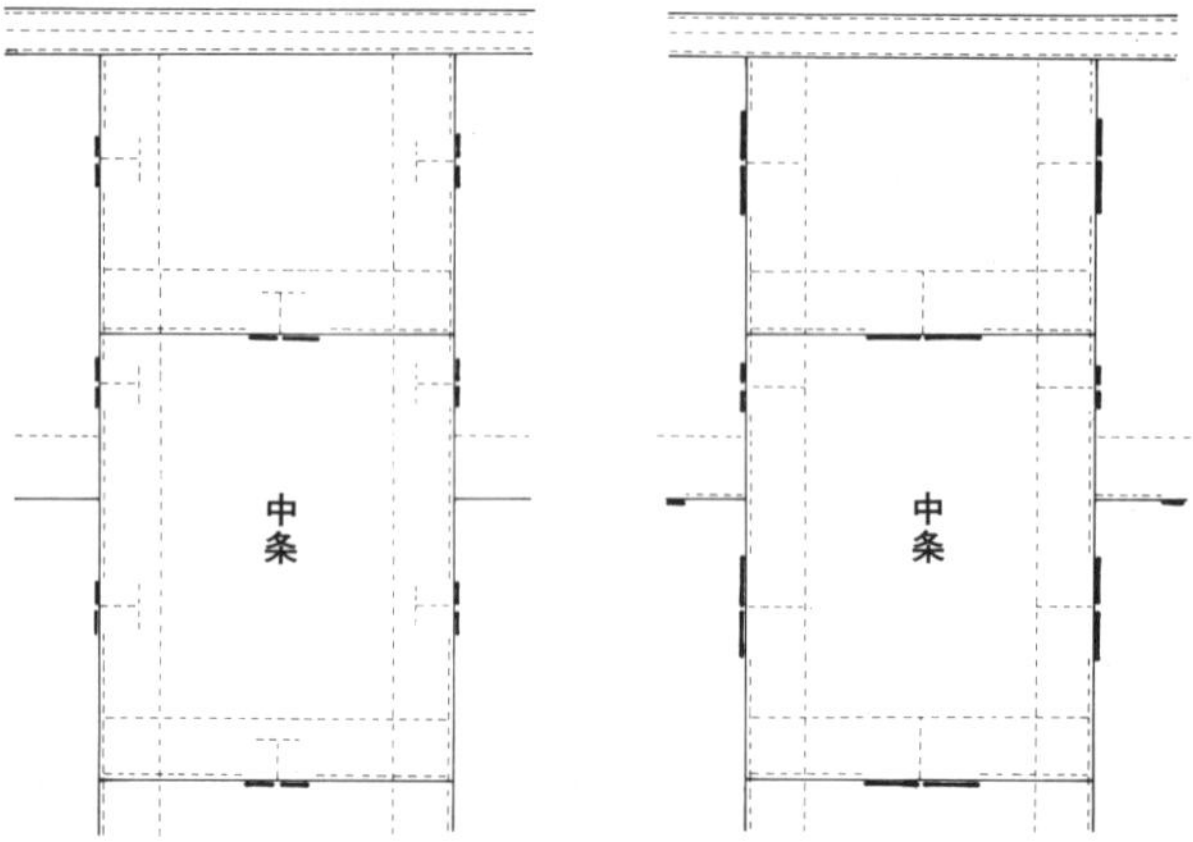

四　編葉辺《へんようへん》

―開葉部分

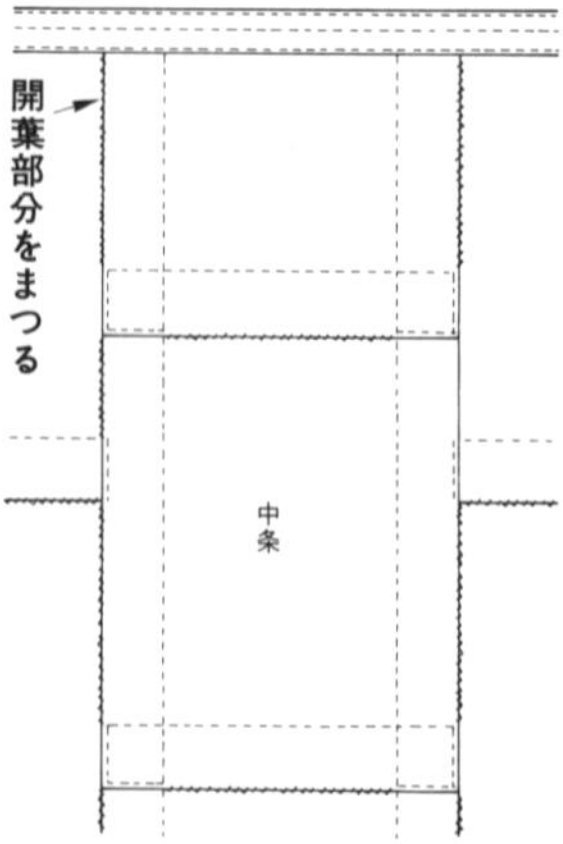

四　袈裟功徳

二章⑭　五十展転で述べた通り、袈裟には途方もない大きな働きのあることはおわかりいただいたことと思います。

功徳という言葉は、一般的にわかり易く、ご利益などといわれることもあります。現世利益といえばもっとわかり易いのですが、袈裟功徳の場合これでは不十分であり、誤解を招くこともあります。

私に都合のよい、単なるご利益では絶対にありません。よく「これもお袈裟のお蔭で」とか、「それはきっとお袈裟の功徳ですよ」などといわれますが、それも、とんでもない見当違いです。人間がちょっと考えて思いつくような、そんな小さなことが、本当の袈裟功徳などであろうはずがありません。もとよりこれは次元の違う話なのです。

では袈裟功徳とは一体どういうことなのでしょう。端的にいえば「袈裟功徳とは、袈裟を身に着けること」よりほかに何もありません。袈裟を身に着ける、そのことだけ、簡単明瞭にして、単純素朴そのものです。

「仏法に落ちこぼれなし」とはよくいわれることです。お釈迦さまの教えには落ちこぼれなどはありません。というよりは落ちこぼれようにも、落ちるところも、落とす人も一切ないのです。

『西遊記』には、そこのところが実にうまく描かれています。

ある日、ようやく念願叶ってお釈迦さまに出会うことができた孫悟空が、お釈迦さまの賭けにまんまとのって、世界の涯《はて》に向かって意気揚々と觔斗雲《きんとうん》に乗り飛んでゆきます。やがて自分では世界の涯まで行き着けたと錯覚し、前方に聳える五本の大きな柱に、墨痕も鮮やかに「斉天大聖《せいてんたいせい》此に到りて一遊す」と大書し、あろうことか、一番端の低い柱の根元に小便までひっかけて、また意気揚々とお釈迦さまの右手の掌《たなごころ》に引き上げてきます。ところが、世界の涯に立つ五本の柱と思ったものが、実はお釈迦さまの右手の指で、孫悟空はお釈迦さまの掌からは一歩も飛び出せなかったのです。

この話は、人間誰しもお釈迦さまの掌の中にあって、一歩も外へ出ることもできなければ、また落ちこぼれることもないことを示しています。「自分ほど不幸な人生はない」「なぜ私だけがこんな目に遭うのか」と嘆きたくなることもしばしば経験しますが、それもこれも、皆すべて、それはそのままお釈迦さまの掌中の出来事なのです。

袈裟をつけることは、お釈迦さまの掌中にあって、なおかつ仏の心に覆われることです。仏の心を身にまとっていれば、ほかにこれ以上何を求めるものがありましょうか。何もないのです。

落ちこぼれるにも、落ちこぼれようがないのです。

これほどの幸いがほかに考えられましょうか。

「袈裟功徳とは、袈裟を身に着けること」といっても、あまりにも簡単明瞭すぎてかえって納得いかないかもしれません。何か目で見、手で触れて実感できるものではないだけに、いかにもそれでは物足りない気がするのも事実でしょう。袈裟をつけることによって、徐々に何か身につくことではないのです。袈裟をつけることそのままが、功徳の正体にほかありません。「衣法一如《えほういちによ》」（袈裟は仏教の真実そのものである。袈裟をつけることが悟りそのものである）の意も、そのあたりでしょう。「修証一如《しゅしょういちにょ》」（修行そのものが悟りである）という言葉と共に、合わせて味わいたいものです。

冒頭の「袈裟を着けることは、仏の心を身にまとうことなのです」という言葉は、仏の心を身にまとっていれば、ほかにこれ以上何を求めるものがありましょうか、何もありません、ということなのです。

これこそが仏のモノサシの世界なのです。

五　袈裟にまつわる話

(1)　阿那律尊者と袈裟

阿那律尊者といえば、釈尊の十大弟子の一人で天眼第一と称せられた方です。釈尊とはいとこにあたり、出家の始め説法の坐中いねむりをし、釈尊の叱責を受けてから不眠の誓を立てて修行し、ついに失明しましたが、これを縁に天眼を得たといわれています。この御目の不自由な阿那律尊者が自分の袈裟を却刺されようとしたとき、釈尊御自ら針に糸を通されたという話もあります。ここでは、この阿那律尊者の袈裟を、釈尊を初め多くの仏弟子たちが助針して三衣を成就した話を記します。少し長くなりますが、じっくりと読んで味わってみて下さい。

私は次のように聞いた。

釈尊が舎衛国《しゃえい》に遊行され、祇園精舎におられた時のこと。阿那律尊者もまた舎衛国の娑羅羅巌山《しゃららがんせん》中で修行をしていました。

ある日、阿那律尊者は、夜が明けるのを待って、作法どおり袈裟をつけ、鉢を持って托鉢に出かけました。その時、阿難尊者も同じように威儀を正して、舎衛国の村へ托鉢に出かけました。阿那律尊者は、阿難尊者の托鉢が終わるのを待って語りかけられました。

「阿難さま、私のお袈裟は、こんなに傷んでしまいました。どうか大勢の仏弟子方の力をお借りして、袈裟を縫っていただけないでしょうか」

阿難尊者は、ただ黙って承認され、托鉢を終え、食事を済ませると、袈裟を元どおりにおさめて、手足を洗い、坐具を肩にかけ、鉤《かぎ》を持って仏弟子方の部屋に行き申されました。

「皆さん、今から婆羅羅巌山中に行って、阿那律尊者の為に袈裟を縫っていただけないでしょうか」

大勢の仏弟子方は、阿難尊者の申し出を快く引き受けられ、阿那律尊者の為に袈裟を縫うことになりました。

ちょうどその時、手に鉤を持って、各部屋を訪ね歩く阿難尊者の姿を見られた釈尊は、

「阿難よ、なぜ鉤を持って部屋を訪ねているのかね」

とお尋ねになりました。

「師よ、私は大勢の修行僧にお願いして、阿那律尊者の為に袈裟を縫おうと思うのです」

「阿難よ、どうして私にも声をかけてくれないのかね」

阿難尊者は、早速身を正し叉手《しゃしゅ》して申しました。

「師よ、ぜひお願いがあります。娑羅羅巌山中に遊行され、阿那律尊者の為に袈裟を縫ってはいただけませんか」と。

釈尊は、阿難尊者の願いを黙って承認されると、阿難尊者を伴って大勢の仏弟子方の前に行かれ、坐具を展べてお坐りになりました。そして、釈尊をはじめ主だっ

た仏弟子や多くの仏弟子が一堂に揃い、力を合わせ助針して、阿那律尊者の袈裟を縫うことになりました。

仏弟子方の中には、目連尊者もおられました。

釈尊が目連《もくれん》尊者に向かって、申されました。

「目連よ、私も皆と一緒に阿那律の為に寸法を割り出して、布を裁断し、却刺して袈裟を縫おうと思う」

目連尊者は、すぐさま坐を立ち、袈裟を偏袒右肩につけ叉手して申しました。

「ありがたいことです。どうか目の不自由な阿那律尊者の為に、ぜひとも多くの仏弟子方とともに布を裁断し却刺してください」と。

こうして釈尊をはじめ多くの仏弟子によって阿那律尊者の為に三衣が作られたのです。

釈尊を先頭に、多くの仏弟子たちが阿那律尊者の袈裟（三衣）を作るために、衣財の寸法をとり、裁ち切り、つなぎ合わせて却刺されているお姿が目の前に彷彿とし、言葉ではとても言い表わせない心暖まる思いが込み上げてまいります。

(2)　蓮華色比丘尼と袈裟

蓮華色比丘尼《れんげしきびくに》は、釈尊の尼僧仏弟子の中では第一人者であり、蓮華色という名前の通り、とても美しい人であったと思われます。この蓮華色比丘尼については「三生得道《さんしょうとくどう》（三度生まれかわって道を得る）」という有名な話があります。その間、人の不幸、不運の縮図のような境遇を嘗めて、最後に釈尊の弟子となって、ついには仏法のすべてを会得し、立派な尼さんになった話です。ここでは袈裟との因縁について述べます。

龍樹祖師の『大智度論《だいちどろん》』に

比丘尼曰く、我れ自らもとの宿命を憶念するに、時に戯女《げじょ》と作り、種々の衣服を著けて旧語を説く。或る時比丘尼衣を著して以て戯笑《ぎしょう》と為す。是の因縁を以ての故に、迦葉仏《かしょうぶつ》の時に比丘尼と作りき。時に自ら貴姓端正《きしょうたんせい》なるを恃《たの》み、心に驕慢《きょうまん》を生じて禁戒を破る。禁戒を破る罪の故に地獄に堕ちて種々の罪を受く。罪を受け畢竟《おわ》りて釈迦牟尼仏に値《あ》ひたてまつりて出家し、六神通《ろくじんつう》、阿羅漢道《あらかんどう》を得たり。是《こ》の故に知りぬ、出家受戒せば復《また》破戒すと雖も戒の因縁を以ての故に、阿羅漢道を得るということを。若し但だ作悪のみして戒の因縁無くば得道せざらんなり。

と。蓮華色比丘尼まだ俗人であったとき、遊び女となって、ある日、人目を引くために、袈裟をつけておどけてみせたところ、大いにうけたものとみえます。袈裟を冒瀆するにも甚だしいことお話にもなりません。無間地獄に堕されてもいたしかたありません。ところが、たとえ遊びとは申せ袈裟に触れたという因縁で、次の世に迦葉仏にお会いし尼僧となることが出来たのです。しかし、せっかく尼僧になったもののその美貌が仇となり、おごり高ぶる心がもとで地獄へ堕ちたけれど、再度生まれかわり今度は釈尊にお会いして尼僧となり、ついには押しも押されぬ立派な尼僧になったということです。

「三生得道」とは考えてみれば不思議な話で、私ども人間のはからいでは思いもよらぬことです。

道元禅師も『正法眼蔵《しょうほうげんぞう》　袈裟功徳《けさくどく》』に

戒の因縁あるときは、禁戒を破して地獄におちたりといへども、つひに得道の因縁なり。いま戯笑のため袈裟を著せる、なほこれ三生に得道す、いはんや無上菩提のために清浄の信心をおこして袈裟を著せん、その功徳成就せさらめやは。いかにいはんや一生のあひた受持したてまつり、頂戴したてまつらん功徳まさに広大無量なるべし。

と、袈裟を見、袈裟に触れるだけでもその功徳は測り知れぬものなのに、ましてや清浄心にて一生恭敬《くぎょう》護持することは、その功徳想像を絶すると述べられています。

(3)　見真大師うらきぬの御書

浄土真宗の開祖、親鸞聖人（一一七三―一二六二）につぎのような御書があります。私が袈裟の勉強を始めた頃に、故沢木興道老師よりいただいたものを記します。

見真《けんしん》大師うらきぬの御書

建暦のむかし。大師流罪勅免御礼の為め。且つは師父の墳墓に詣でんとて。遥々御帰洛ありしが。辺鄙の衆生を斎度せんが為め月余にして都を出で。先づ伊勢の太廟へ詣でゝ東海道下向の、みぎり。伊勢の桑名に於て一通の法訓を袈裟の裏に書して浦人与へられしが今は展転して此御書伊勢国一身田高田山専修寺に納まれり。御書にいはく。

タトヒ一形《いちぎょう》ノアヒダ悪ヲツクルトモ。宿業《しゅくごう》ノガレガタクサリガタキハイカニセム。タヾヒトスヂニホトケタスケタマヘト信ジテ専精《せんしょう》ニ念仏スレバ願力ノツヨキニヒカレテ往生スルナリ。

龍王スラ袈裟ノカタハシヲウレバ金翅《こんじ》ノ難ヲノガレ。浦人袈裟ヲウレバ風波ノ難ナシ。イハムヤ万善所帰《まんぜんしょき》ノ法船。仏智施与《ぶっちせよ》ノ信帆《しんぱん》アニ煩悩ノ風ヲ恐レンヤ、アニ妄念ノ波ニシヅミナンヤ、願力不思議ナレバナリ。

ユメ〳〵コレサラニ親鸞ガワタシニマフスコトニアラズ。六法恒沙《ろっぽうごうしゃ》ノ諸仏ノ証誠《しょうじょう》ニテ候ナリ。アナカシコ〳〵念仏往生証拠ノタメ予ガ袈裟ノウラキヌニシルシハベル。

南無阿弥陀仏
建暦第二十月九日　　　　　　　　愚　禿
クハナノ浦人へ

親鸞聖人が、その昔、建暦元年（一二一一年）の冬、勅赦ののち地方教化に赴かれ、たまたま伊勢の桑名にて漁民に念仏を勧めるための法語を、袈裟の裏布に記されたものといわれています。

ここに「龍王」と出てきますが、これは『海竜王経』の、

金翅鳥という馬鹿でかい鳥が、龍をかたっぱしから食べるので、龍王が、釈尊にお願いしたところ、袈裟のわずか一片を与えられ、その袈裟片の力で金翅鳥の災難から救われた。

という袈裟功徳の話にあやかって、漁師に袈裟を与えられたものでしょう。龍王として

は、数限りない多くの龍を救うのに、わずか袈裟の一片でこと足りるとは思いもよらず一瞬疑ったのですが、足りるか足りないかと疑うのは人間の計らい、数の思いを超えたところ、わずか一片が無限につながるところは仏の心の計らいです。「願力不思議ナレバナリ」とは、私の浅はかな思いの中に袈裟功徳は存在しないということです。

(4) 慈雲尊者と袈裟

正法律の開祖、慈雲《じうん》尊者（一七一八―一八〇四）の偉大さを、端的に示すことは出来ませんが、

之を仰げば弥々《いよいよ》高く、之を鑽《き》れば弥々堅し

の言葉通り、ここではその一端にふれるにとどめます。現在、仏の心を表わした正しい袈裟の話をするとき、慈雲尊者を省くわけにはまいりません。尊者には正法律のほかに、大著『梵学津梁』一千巻、『十善法語』など沢山の著作がありますが、袈裟についても、

慈雲尊者像（通肩）　高貴寺

なみなみならぬ研究をされ、『方服図儀（広略二本）』などを著わし、律に則って自ら正しい袈裟を残されております。三十二歳のときに発表された『根本僧制』の第五条に、

律儀（戒律）は是れ正法の命脈、禅那《ぜんな》（坐禅）は是れ真智の大源、及び八万四千の法門（仏の教え）は悉く皆甚深《じんじん》解脱の要路に非るなし。

と述べ、正法律の本山とした『高貴寺規定』には、

正しく私意を雑《まじ》へず末世の弊儀《へいぎ》（悪い法則）によらず、人師の料簡《りょうけん》（考え）をからず、直に金口《こんく》所説（釈尊のことば）を信受し、如説修行《にょせつしゅぎょう》するを正法律の護持と云ふなり。

と、その決意のほどが明確に述べられています。

袈裟の衣財は布であり、ごく特別な保管方法でなければ、永久にこれを護持すること

は不可能です。長い年月正しく伝承し、広く後世に残すには、間違いなく袈裟を縫う人を代々伝えてゆくことが大切なことと思います。

尊者が「千衣裁製」という大事業を発願されたのも、大きな意義があります。千衣とは一千領の袈裟のことで、正しい袈裟を普及するために多方面に頒つことを決意されたのでしょう。

尊者四十九歳の正月、念願の第一衣が慈円浄照禅尼によって作られ、文化元年十二月二十二日夜半京都阿弥陀寺にて八十七歳で示寂されるまでに九百四十余領が成り、遷化の翌年に一千領の袈裟裁縫の誓願が成就したのでした。

現存する五冊の千衣裁制簿には、尊者の尼僧の弟子数百人を中心に、篤信の在家の女性や宮中の女官たちの名前が載せられています。今、尊者護持の袈裟を目のあたりに拝覧するとき、ただ合掌し頭が下がるのみです。袈裟に厚い信仰を持ち、ひたすら恭敬《くぎょう》尊重《そんじゅう》された心遣いが、その精細を極めた針目からほのぼのと私どもの胸に熱く伝わってまいります。

私どもも袈裟を却刺するとき、後世の人がこの袈裟を見て自然に頭が下がるようなものを作りたいものだと常に念じております。

(5)　良寛の袈裟詩

袈裟詩

大哉解脱服　大なるかな解脱服
無相福田衣　無相福田衣
仏々方正伝　仏々方に正伝
祖々親受持　祖々親しく受持す
非広復非狭　広きに非ず復狭きに非ず
非布也非糸　布に非ず也糸に非ず
恁麼奉行去　恁麼に奉行し去《ゆ》かば
始称衣下児　始めて衣下の児と称せん

たとうる術もないこの大いなる袈裟、解脱の服。

田相にかたどり、有無執着を超越した袈裟。
仏から仏へと間違いなく伝えられ、
高祖方も絶えず身のそばに置いて大事に護持して来た。
広い狭い、大きい小さいなどの問題ではない。
でき上がった袈裟は布か絹かも関係なく、それは袈裟そのものである。
さて、それでは仏弟子としてはどのようにして生き、修行すればよいのか。
このままで本当に袈裟を身に付けた仏弟子といえるのであろうか。

初めの二句「大哉解脱服　無相福田衣」は、「搭袈裟の偈」（袈裟をつける時にとなえる偈文）の、

大哉解脱服　無相福田衣
披奉如来教　広度諸衆生

の前句です。後の二句をふまえての作詩でありましょう。

大愚と清貧と、より人間的な人間として生き通した良寛さまではありますが、わずか八行の五言律詩のなかで袈裟の全体像をよくいい表していると思います。

(6) 損翁老人見聞宝永記（抄）

師、日暮、橋の辺《ほとり》に至りて納涼す。因《ちなみ》に一りの小沙弥《しょうしゃみ》（小僧）あり、橋上より来り、暫く橋畔に止まり、立ちながら莎笠《すげがさ》を卸《おろ》し、地上に仰向けて掛絡《から》（絡子）を脱いで之を欄干にかけ、手巾（腰紐）を解いて布衫《ころも》を脱いで、之を莎笠の中に置き、傍ら屏処に向ひ、腰を折りて小便し、直ちに河辺に下りて手を盥《あら》ひ、口を漱《すす》ぎ了りて、本処に還りて布衫をつけ、掛絡を頂戴して掛け、笠を取りて便ち行く。其の齢十五、六計《ばか》り、師つらつら之を視《なが》めて曰く。今の小僧は、江戸中の無上尊なり、山僧寓在してより以来、日びに街衢《がいく》に於て値う所の禅、浄土、天台、真言、及び諸宗の僧侶、往来絡繹《らくえき》、幾多なるを知らず、然れども、未だ一りも袈裟を脱して小便する者を見ず、今日はこれを見るの最初なり。

嗚呼、仏弟子となりて、未だ袈裟の功徳無上最勝なることを知らずして、但だ衣服とばかり認著する者は、惜しむべき一生なり。江戸中に縦《たと》い僧類十万あるも、亦袈裟の功徳を知らざれば、未だ先きの一個の小僧に及ばず。是の故に、我は謂ふ、彼の小僧は江戸中の無上尊なりと、（中略）夫《そ》れ、天子と成るも未だ衣冠の貴きことを知らざる者は、その人に非ざるなり。武将となるも未だ甲冑《かっちゅう》の貴きを知らざるものは人に非ざるなり云々。

損翁老人とは、江戸中期の高僧面山和尚の師です。面山師も袈裟に関する本を出しています。この文を読むと当時の仏教界のありさまが如実にわかります。

いわれてみれば当たり前のことではありますし、用をたす時には必ず袈裟や略袈裟の類は取りはずすことぐらい常識であると思いますが、時にはうっかりしていることもあると思います。一時が万事、心して味わってみたい文章です。

(7)　摺袈裟略縁起

昔から日本には、「刷り袈裟」というものが各地にあり、一説には、木版刷りの縮小袈裟図を寺より授かり、これを頭陀袋に入れ死者の首にかけてやると成仏できるという風習があったようです。

ここに述べる『摺袈裟略縁起』は、この刷り袈裟の意味を、一般の人々にわかり易く解いたものと思われます。大変興味ある文章なので要約して訳文を記します。

昔、伊豆の国の田中村に五郎大夫という人がありました。明徳元年（一三九〇）五月二十八日、少しも苦しむことなく突然亡くなりました。あの世に入って閻魔さまに出会ったところ、閻魔さまは刷り袈裟を持って彼にこれを授けていうには、まだおまえは命が尽きていないので、もう一度人間界に帰すことにする。私がおまえの生涯をつぶさに観察してみると、きっとおまえはあの曽我兄弟の五郎であろう。一度は神様にもつかえ、また親孝行もしたようだ。少し善いことをした報いにより、

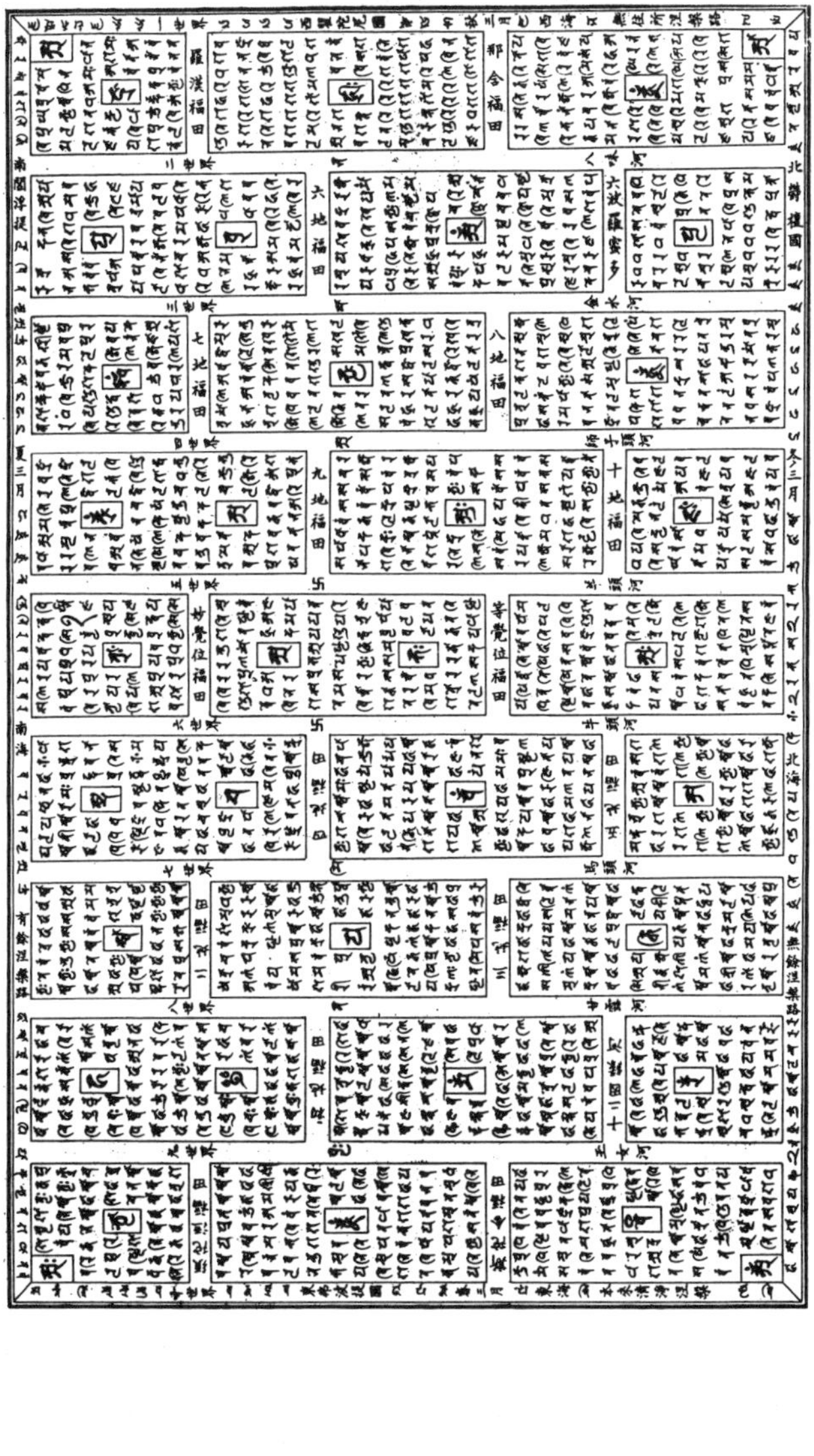

刷り袈裟図

これまで三回人間界に生れることができた。ところが兄の十郎は、執着の念強く、地獄に落ち浮かばれそうもない。でも兄十郎も親に孝行した善縁があるので、おまえが人間界に再び還って、この刷り袈裟を兄十郎の墓の上に掛け、兄のために一日一夜ナムアミダブツのお念仏を唱えるとよい。そうすれば、必ず地獄の苦しみからのがれ、極楽浄土に生れかわるであろう。この刷り袈裟に手を触れ、また身に着ける人々は、この世では一切の災難を遠ざけ、無病安穏長寿福楽を得るであろう。特に女性が大切に持つならば、難産の心配なく、安産にしてしかも可愛い子どもが生れるであろう。求むる所は必ずその願いがかなうであろう。現世では地獄・餓鬼・畜生の三悪趣に沈むことなく、人間もしくは天上界に生れるであろう。また真実の道を求める人は、必ずや極楽往生すること間違いない。あまりにも恐ろしくまた尊きことと感じ、涙ながら人間界に生れ変わってみれば、あら不思議や、手の中にこの刷り袈裟があるではありませんか。あまりにも不思議な出来事なれば、村の人々代々この話を伝え、時々兄十郎の墓の中より火の燃え上がることがあったといいます。いろいろ思い合わせてみるに、閻魔さまのお告げを益々信じ、ありがたく思っておりました。あの世の兄に逢えるのだと思い、墓の上に刷り袈裟をかけて、ただひたすら阿弥陀さまの名号を称えていると、いつの間にか朝になってしまいました。すると墓の中より声が聞こえ、ありがたや二百年来の苦しみを今のがれ、直ちに天上界に生れることができたといいます。五郎大夫はしかと心にきざみ、信心いよいよ強く、かくしてこのありがたき刷り袈裟の図相を永く世に残したいと木版刷りにして、ご縁ある人々にわかち与えました。そもそも袈裟功徳とは、龍が一片の袈裟を護持すれば、金翅鳥に食われる心配なく、もし人が袈裟の一筋の糸を体につけるだけで、悪鬼も近づけることがありません。お釈迦さまの在世にも、蓮華色比丘尼がたわむれに袈裟を着けて、それが縁となって真実の道を得たといいます。たとえ酔った人でも仏縁に会うこともあります。この刷り袈裟は、九条の大衣にして条毎に、随求陀羅尼の梵文が書かれています。そのご利益も決して無駄にしてはなりません。しかと信じましょう。

昔から人の名前にも、「袈裟夫」とか「袈裟保」とか「袈裟太郎」とつけられたように、袈裟を尊重し、袈裟功徳を信じ、袈裟そのものをとても大切に扱ってきたことがよくわかります。それがたとえ印刷した袈裟図であっても本物同様に考えられていたのでしょう。今考えれば、まさかこんなことがあるものかと、奇異の感が拭いきれませんが、これこそ人のモノサシを越えた仏のモノサシの世界を示そうとしたものでしょうか。いずれにしても、袈裟信仰の貴重な資料の一つです。

六　袈裟に関する大事な言葉

『正法眼蔵　袈裟功徳』（抄）　道元著

本書の最後には、道元禅師（一二〇〇―一二五三）の『正法眼蔵』「袈裟功徳」の巻から一部を引用、現代語訳させていただきます。

一般に流布している『正法眼蔵』九十五巻のなかで、この「袈裟功徳」と「伝衣《でんえ》」の二巻は袈裟を信仰の対象として具《つぶさ》に書き示された点でとても貴重なものです。

禅師は興聖寺を引き払って、永平寺に入られた後、先に書いた「伝衣」の巻をさらに増補し書き直されたのがこの「袈裟功徳」の巻なのです。全体を通して袈裟に対する熱い思いと自信のほどがしみじみと伝わってきます。

高尚にして難解だといわれる『正法眼蔵』を、一部とはいえ現代語訳するおこがましさは感じておりますが、道元禅師のお心の触れ得る一助にでもなればと願い、ここに掲載いたします。
志のある方は、ぜひ全文に目を通していただきたいものです。

原文

まことにわれら辺地にむまれて末法にあふ、うらむべしといへども、仏仏嫡嫡相承の衣法にあひたてまつる、いくそばくのよろこびとかせん。いづれの家門か、わが正伝のごとく釈尊の衣法ともに正伝せる。これにあひたてまつりて、たれか共敬供養せざらん。たとひ一日に無量恒河沙《ごうがしゃ》の身命をすてても、供養したてまつるべし、なほ生生世世の値遇頂戴、供養恭敬を発願すべし。われら仏生国をへだつること十万余里の山海はるかにして通じがたしといへども、宿善のあひもよおすところ、山海に擁塞せられず、辺鄙の愚蒙きらはるることなし。この正法にあひたてまつり、あくまで日夜に修習す、この袈裟を受持したてまつり、常恒《じょうごう》に頂戴護持す。ただ一仏二仏のみもとにして功徳を修せるのみならんや、すでに恒河沙等の諸仏のみもとにして、もろもろの功徳を修習せるなるべし。たとひ自己なりといふとも、たふとぶべし、随喜すべし。祖師伝法の深恩、ねんごろに報謝すべし。畜類なほ恩を報ず、人類いかでか恩をしらざらん。もし恩をしらずば、畜類よりも愚なるべし。

訳

まことに、われわれはインドから遠く離れた地に生まれ、末法の世であることはうらむべきことではあるが、仏から仏へと伝えられた、法と袈裟に巡り会えたことは、どんな喜びにもかえがたい。こんなすばらしい出会いに感謝し、敬っていきたい。その思いは、無量の身命を投げ棄てても供養しなければならないし、何度生まれ変わっても、またこの袈裟に巡り会い、敬いたいと発願すべきである。たとえインドから遠く離れてはいても、善縁に恵まれれば、何ら遮るものもなく、差別もない。この正法に会うことができ、懸命に修行に励み、この袈裟を受持させていただき、いつも大切に護持していきたい。これは単に一仏や二仏のもとで功徳を修めたというばかりか、数えきれない仏のみ元で功徳を積んだお蔭である。こんな自分ではあるが、尊び喜び随っていきたい。この法を伝えて下さった立派な先輩方のご恩に深く感謝しなければならない。人間ならば当然のことである。

原文

おほよそしるべし、袈裟はこれ諸仏の恭敬帰依しましますところなり。仏身なり、仏心なり。解脱服と称じ、福田衣と称じ、無相衣と称じ、無上衣と称じ、忍辱衣《にんにくえ》と称じ、如来衣と称じ、大慈大悲衣と称じ、勝幢衣《しょうどうえ》と称じ、阿耨多羅三藐三菩提衣《あのくたらさんみゃくさんぼだいえ》と称ず。まことにかくのごとく受持頂戴すべし。かくのごとくなるがゆゑに、こころにしたがうてあらたむべきにあらず。

訳

全体に次のように理解したい。袈裟は、たくさんの仏が敬い大切に護持されてきたものである。言うならば、この袈裟は、仏の身体そのものであり、仏の心そのものである。解脱服（こだわりを生じない衣服）、福田衣（仏道の苗がよく育つ衣服）、無相衣（仏のモノサシの象徴の衣服）、無上衣（最上の衣服）、忍辱衣（いかりの心を鎮める衣服）、如来衣（仏と同じ衣服）、大慈大悲衣（仏の大いなる慈悲そのものの衣服）、勝幢衣（仏教徒としてのはたじるしの衣服）、阿耨多羅三藐三菩提衣（真実に覚めた衣服）等といわれる。まさにこのように受け止めなさい。

このような袈裟だから、自分の思いのままに作り改めることをしてはならない。

原文

諸仏の袈裟の体色量の有量無量、有相無相、あきらめ参学すべし。西天東地、古往今来の祖師、みな参学正伝せるところなり。祖祖正伝のあきらかにしてうたがふところなきを見聞しながら、いたづらにこの祖師に正伝せざらんは、その意楽ゆるしがたからん。愚痴のいたり、不信のゆゑなるべし。実をすてて虚をもとめ、本をすてて末をねがふものなり。これ如来を軽忽したてまつるならん。菩提心をおこさんともがら、かならず祖師の正伝を伝受すべし。われらあひがたき仏法にあふたてまつるのみにあらず、仏袈裟正伝の法孫としてこれを見聞し、学習し、受持することをえたり。すなはちこれ如来をみたてまつるなり。仏説法をきくなり、仏光明にてらさるるなり、仏受用を受用するなり。仏心を単伝するなり、仏髄をえたるなり。まのあたり釈迦牟尼仏の袈裟おほはれたてまつるなり。釈迦牟尼仏、まのあたりわれに袈裟をさづけましますなり。ほとけにしたがふたてまつりて、この袈裟はうけたてまつれり。

訳

仏の袈裟の、布の種類、色、寸法は、人のモノサシの部分と、仏のモノサシの部分があり、よく学ばねばならない。インドや中国でも、昔から今日まで仏道修行に励む人々は、よく学び代々正しく伝えてきたものである。それを知りながら、さらに伝えていこうとしない了見は許しがたい。それはおろかさのためか、信ずる心がないためであろう。真実に覚めることなく、本末転倒もはなはだしい。これはまさに仏の心を軽んじるものである。道を求める人は、正しく伝えられたものを受けなさい。私たちは、会い難き仏法に会えたばかりでなく、仏の袈裟を正伝した法孫として、見聞し、学び、身につけることができる。これはすなわち、仏にまのあたりにお目にかかることであり、仏の説法を直接聞くことでもあり、仏の光に照らされることであり、仏と同じものを用いることでもある。また仏の心を伝え、仏の真髄を会得したことにもなる。今現実に、釈尊の袈裟に覆われさせていただくことなのである。釈尊より直接授けられ、仏から仏へと受け伝えられてきたことでもある。

付録　七条割截衣の縫い方

袈裟を縫う道具としては、裁縫に使うヘラ台、懸張器、ヘラ、チャコ、鋏、物差し、マチ針、絹針、絹糸などがあれば十分です。

清浄な布を用意し、自分の体に合わせて全体のタテ、ヨコの寸法を決め、条数、短、長、葉幅、縁幅を割り出し、布に無駄のないよう注意して裁ち切ります。『五分律《ごぶんりつ》』によれば、釈尊が阿難尊者に命じて初めて袈裟を創られたとき、縫い方についても次のように定めており、このときすでに左右の葉の靡《なび》きも決められていました。

亦《また》、諸比丘《しょびく》をして作《な》さしめて、或は一長一短、或は両長一短、或は三長一短にし、左条葉は左靡《さひ》し、右条葉は右靡《うひ》、中条葉は両向靡《りょうこうひ》して作り竟《おわ》りて之を着せるに、極めてこれ所宜《しょぎ》なりき。

七条割截衣の名称（略称）

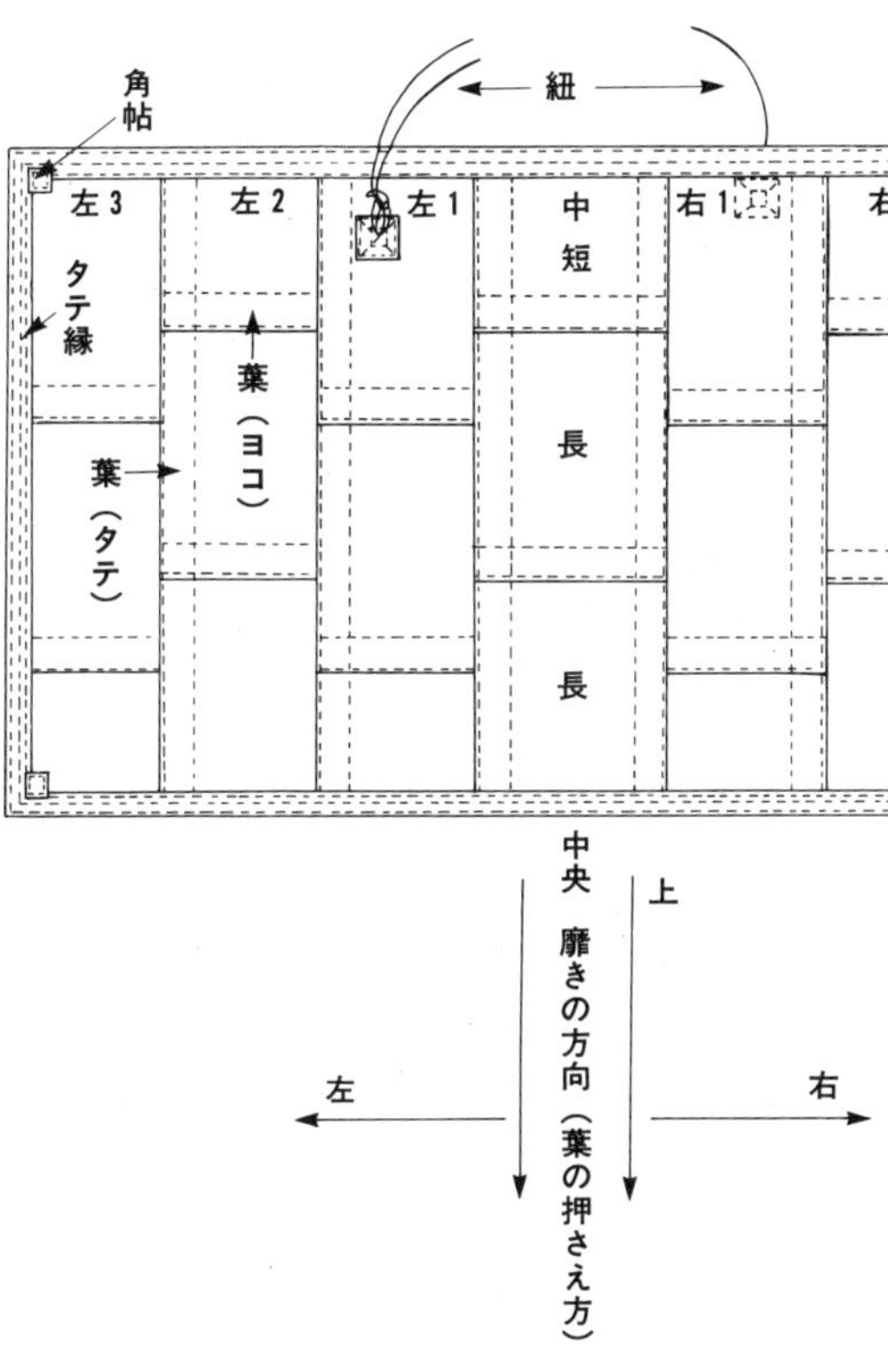
角帖
紐
ヨコ縁
左 3
左 2
左 1
中
短
右 1
右 2
右 3
タテ縁
葉
（ヨコ）
葉
（タテ）
長
長
中央
上
靡きの方向（葉の押さえ方）
左
右

一　各条の短・長を縫い合わせる

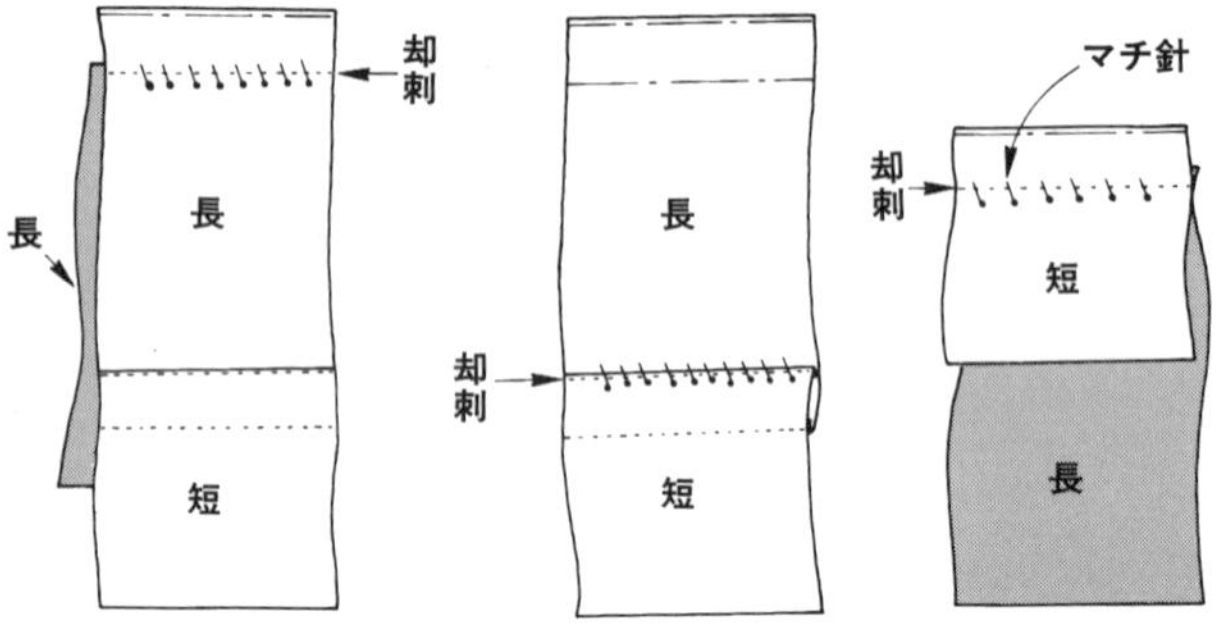

各条を縫い合わせる

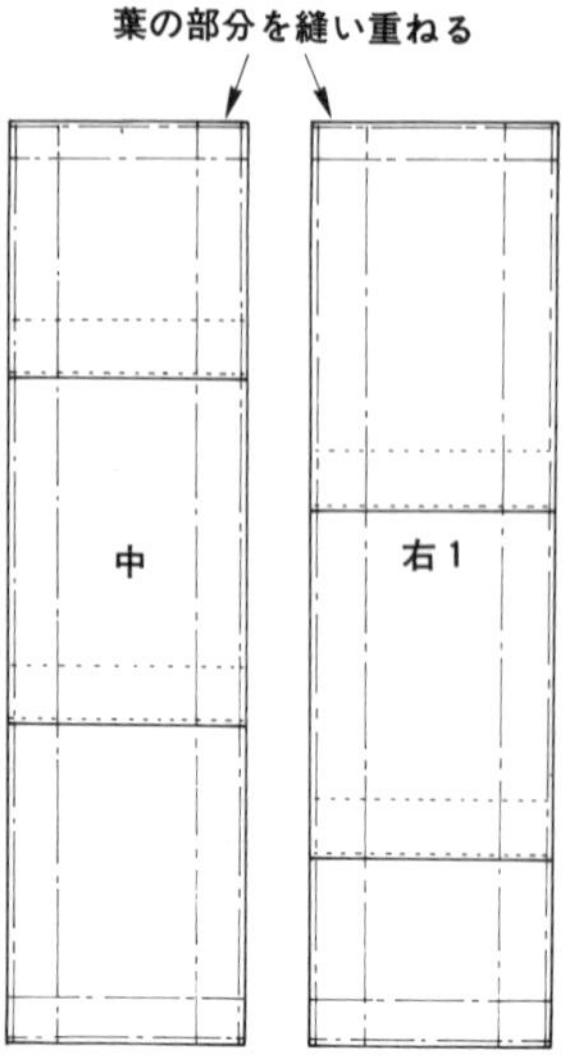

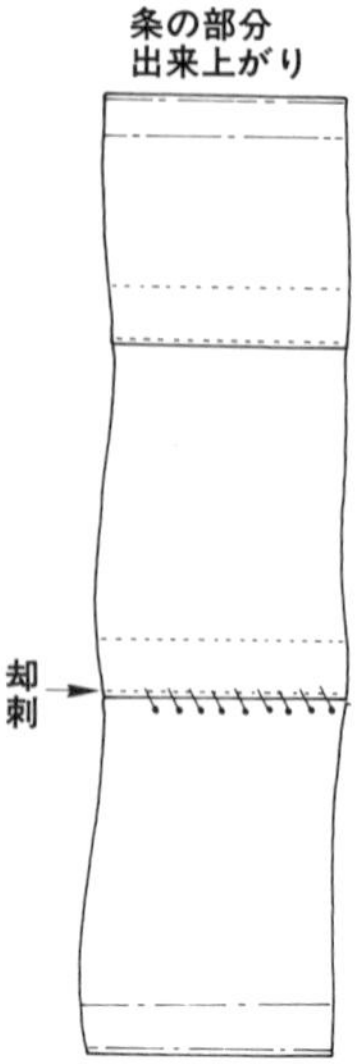

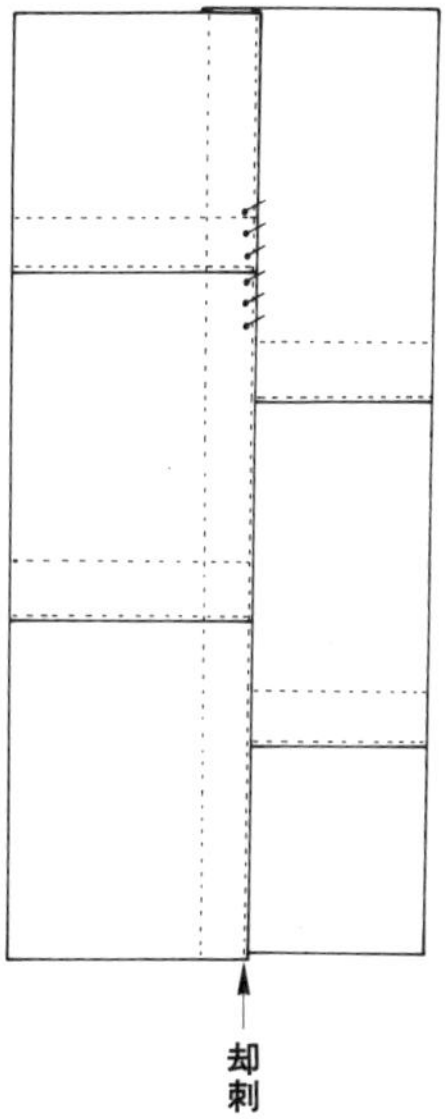
却
刺

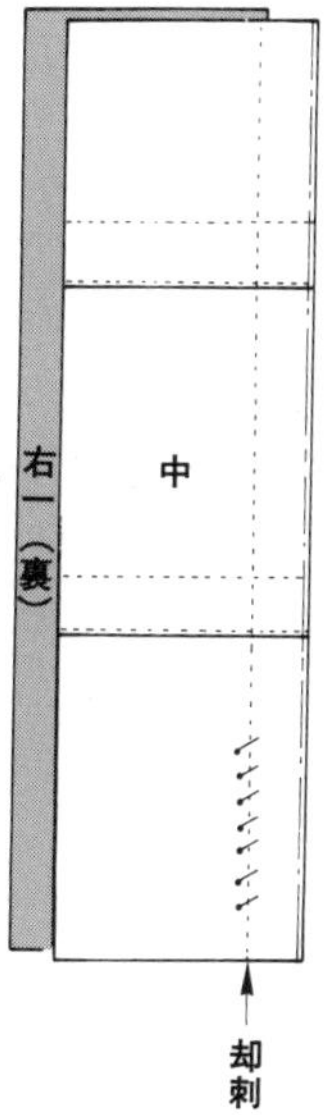
右一（裏）
中
却
刺

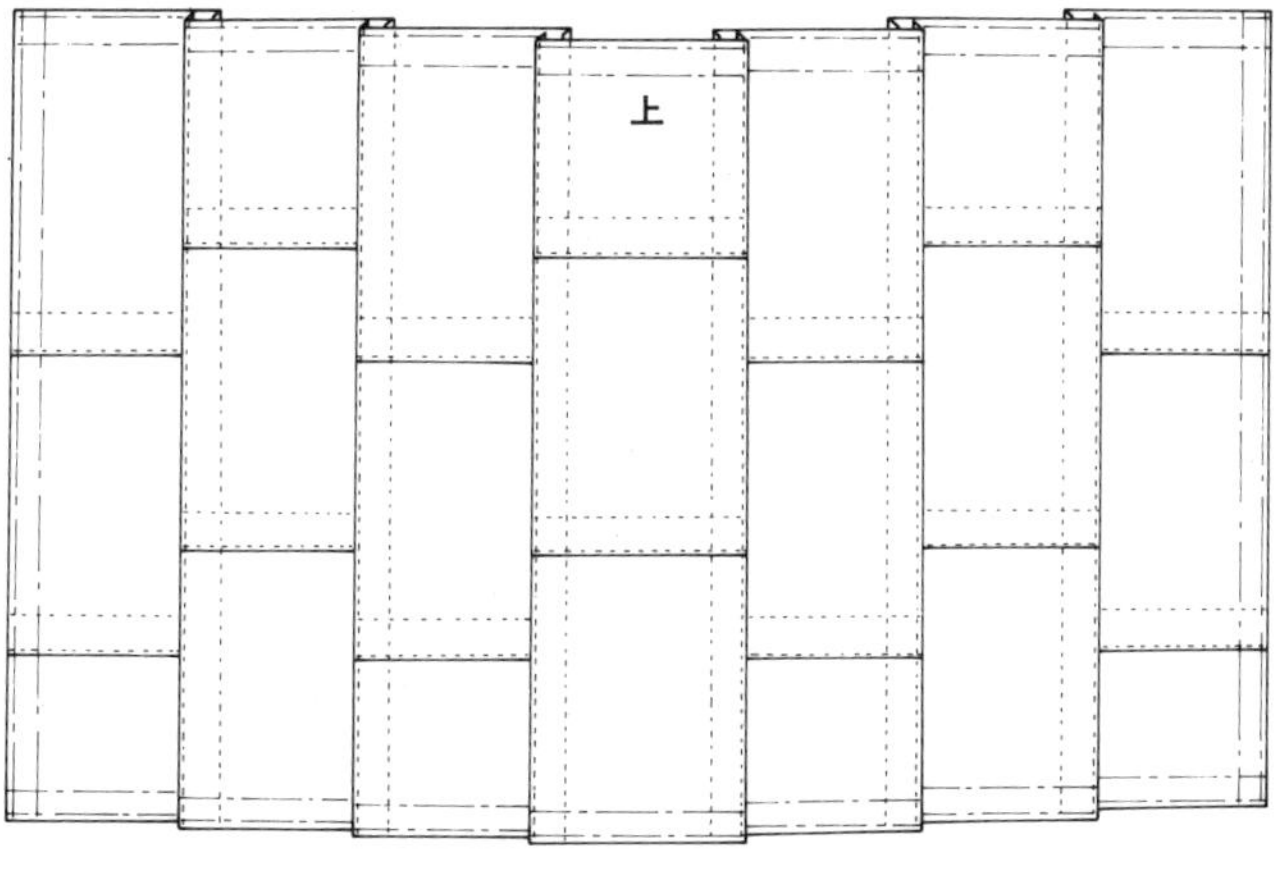
上

二　タテ・ヨコの縁を縫い合わせる

①ヨコ縁の外側一道を却刺する

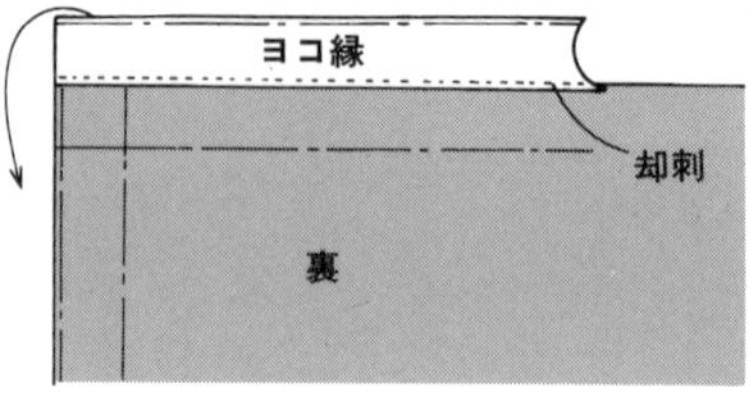

②内側に折り内側一道を却刺する

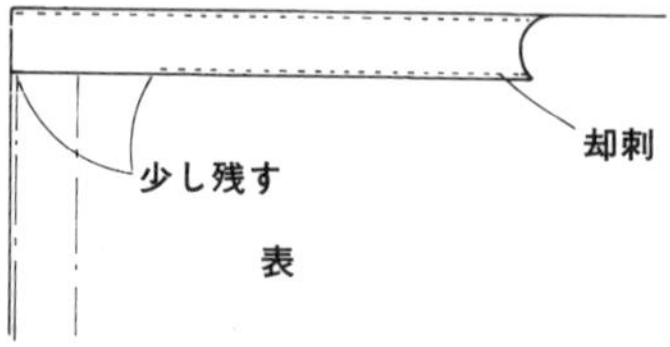

③タテ縁の外側一道を却刺する

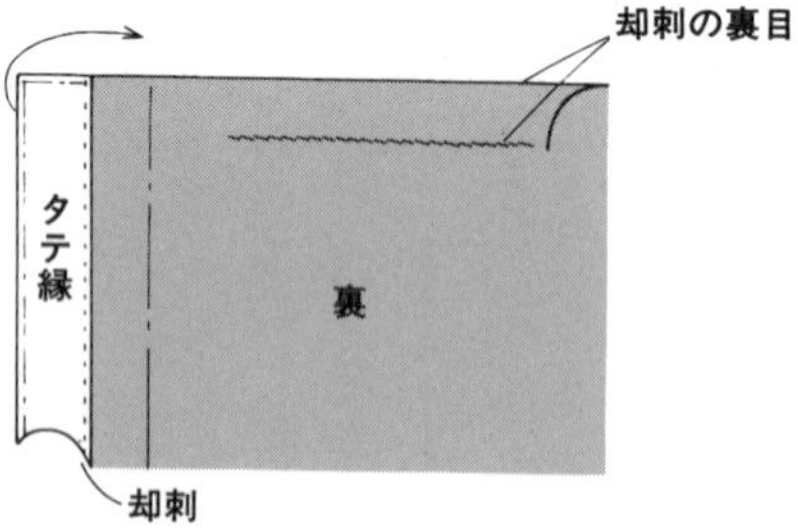

④内側に折り内側一道を却刺する

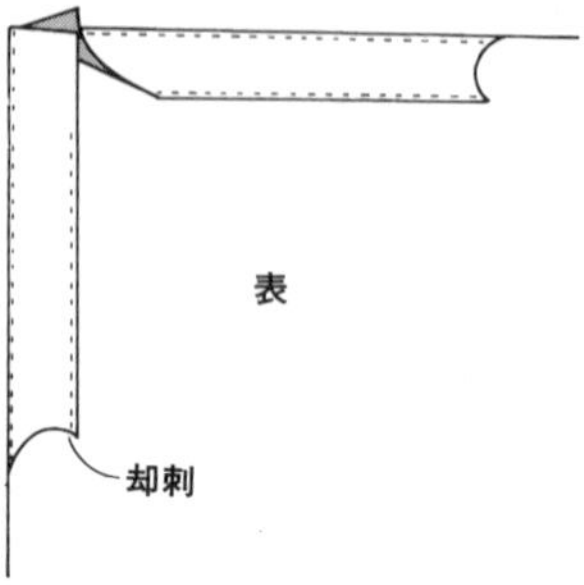

*タテ縁は、あらかじめ端の条に縫いつけておいてもよい。

三　角を納める

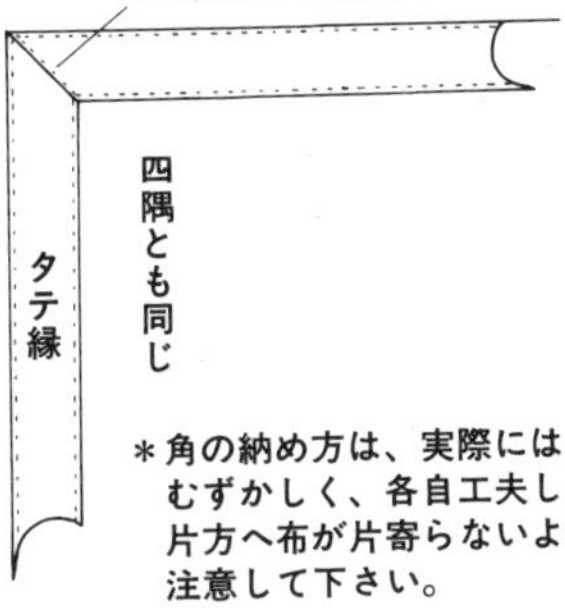
ヨコ縁がタテ縁をおさえる

＊角の納め方は、実際には
むずかしく、各自工夫して
片方へ布が片寄らないように
注意して下さい。

四　縁の中道を縫う

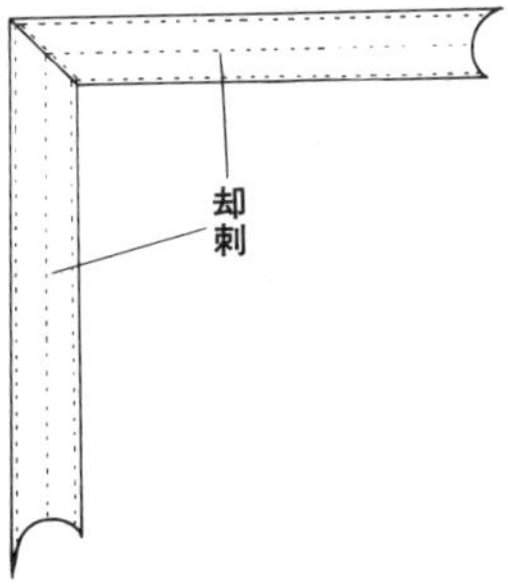

五　四隅の角帖を縫う

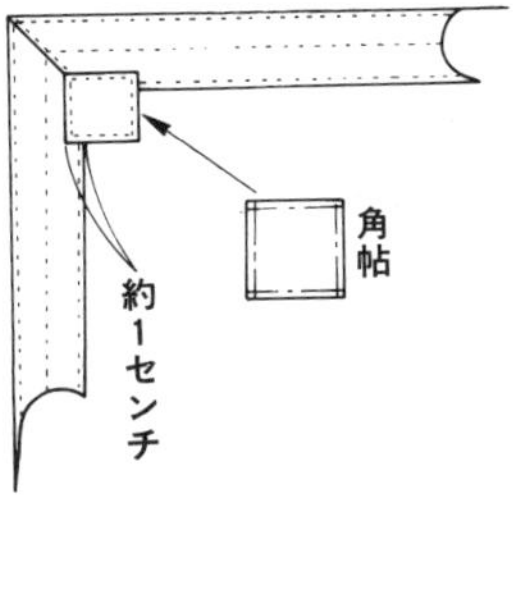

六　後紐を台座に縫いつける

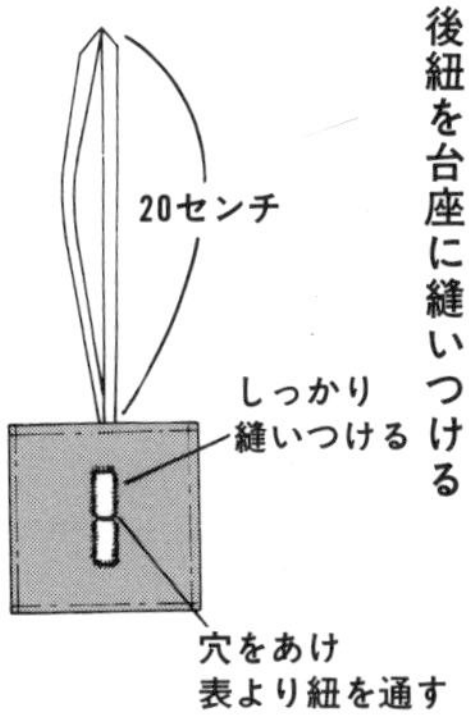

七　前紐を台座に縫いつける

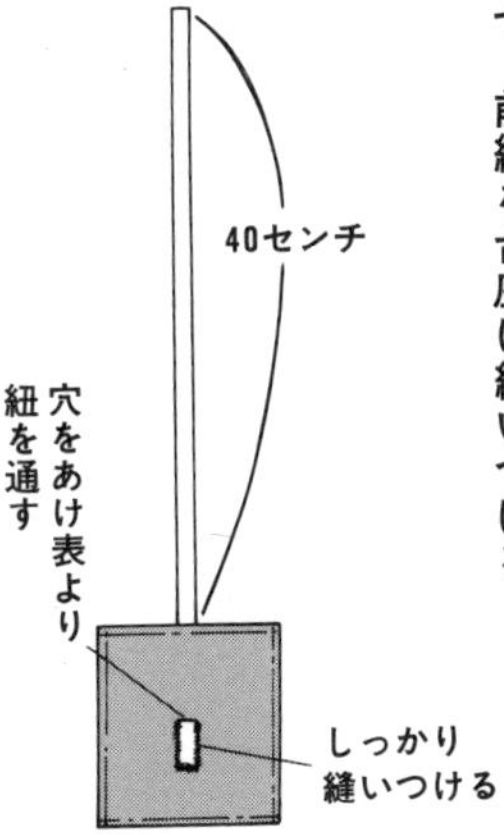

八　紐の台座を縫いつける

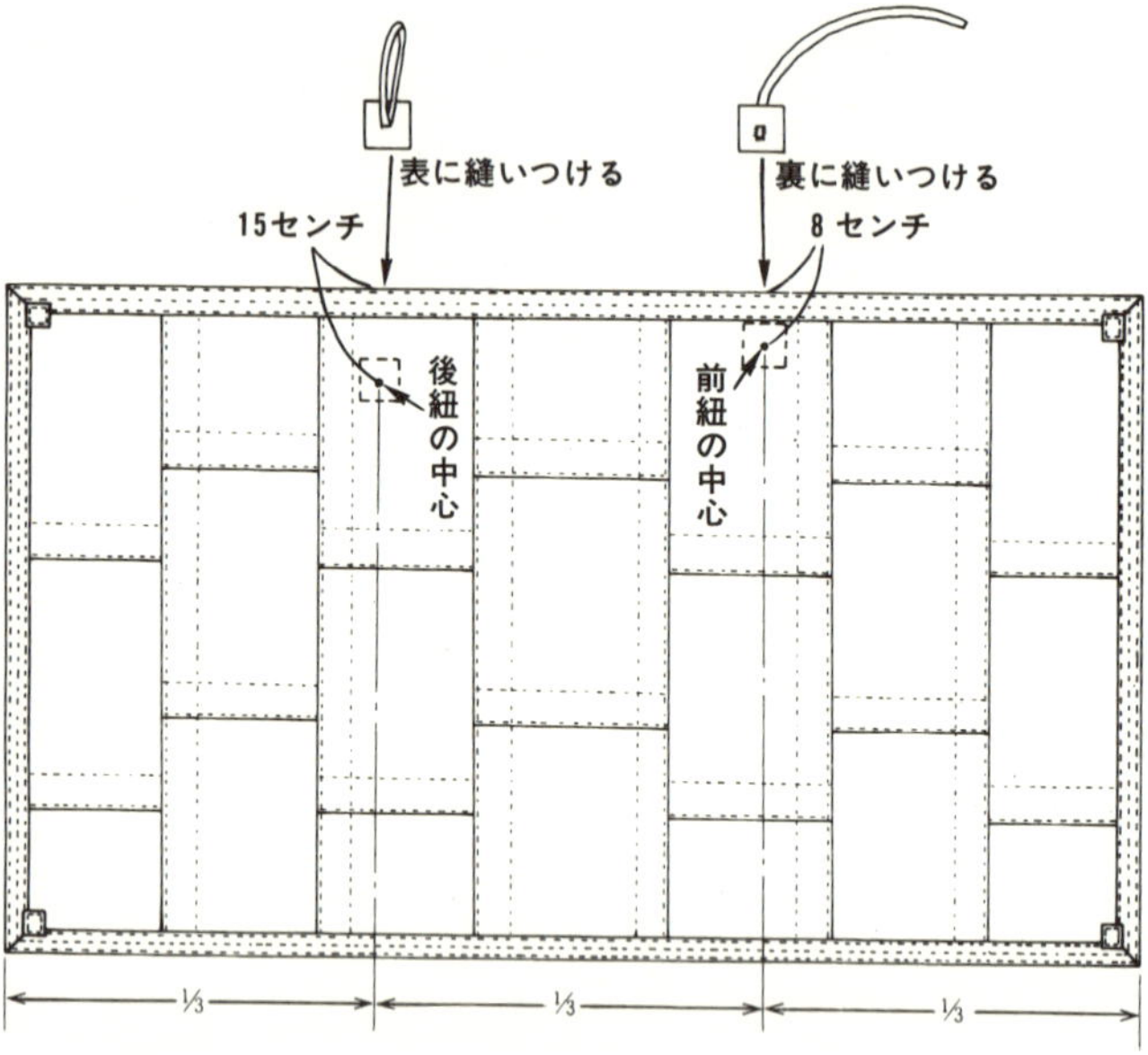

九　後紐を結ぶ

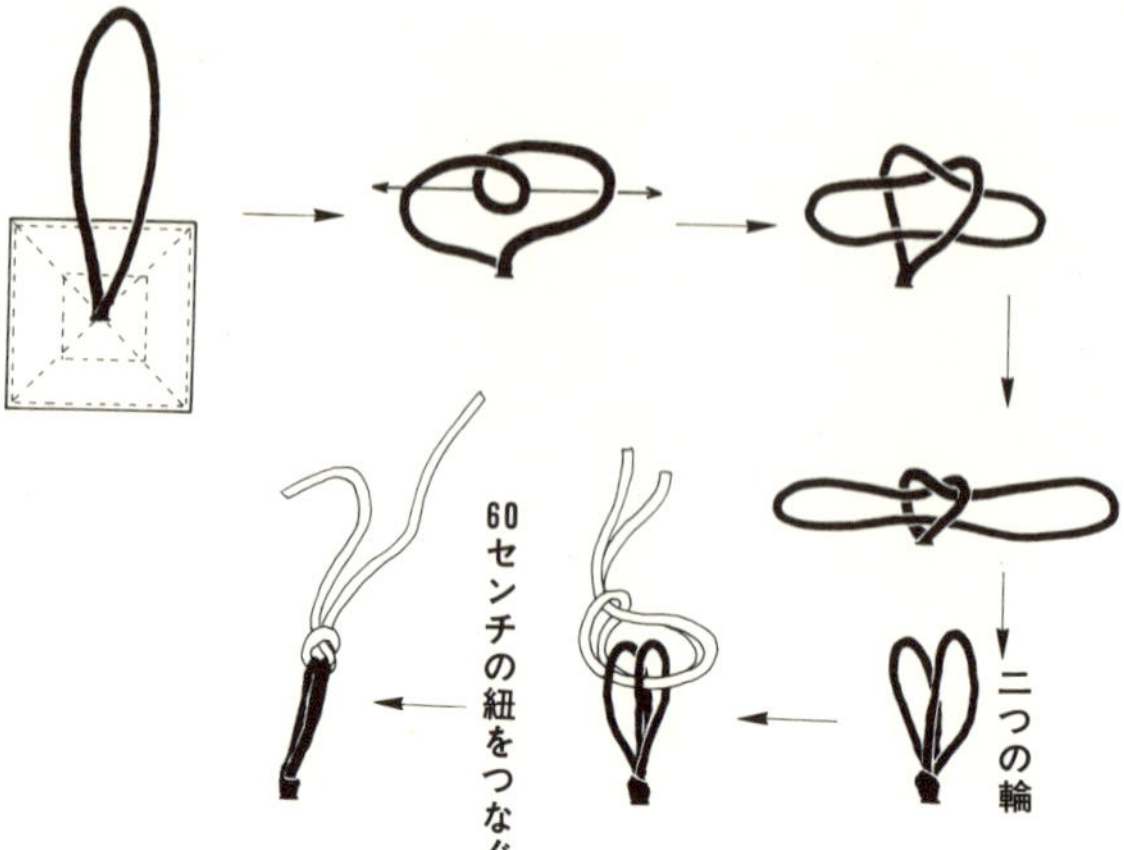

一〇　七条割截衣の出来上がり

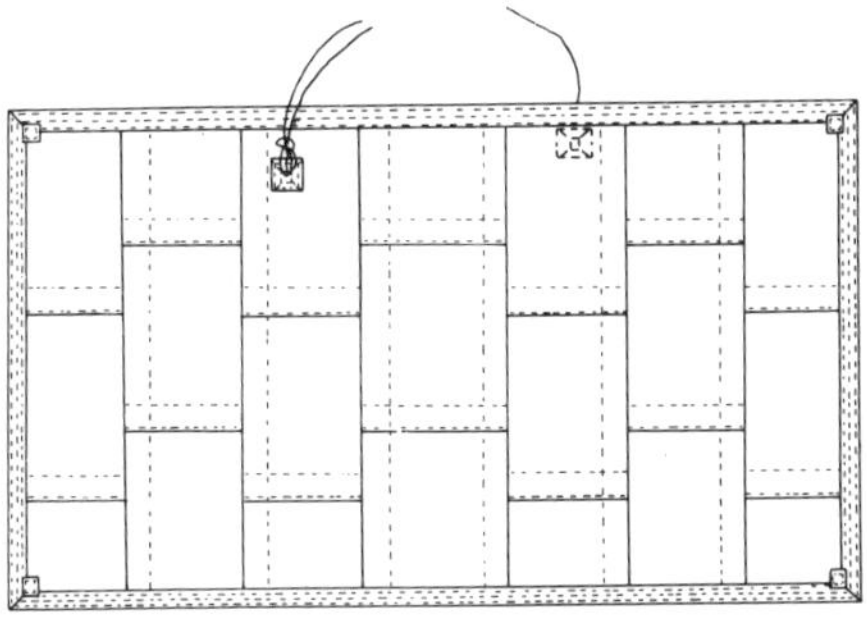

一一　たたみ方（アイロンをかける）

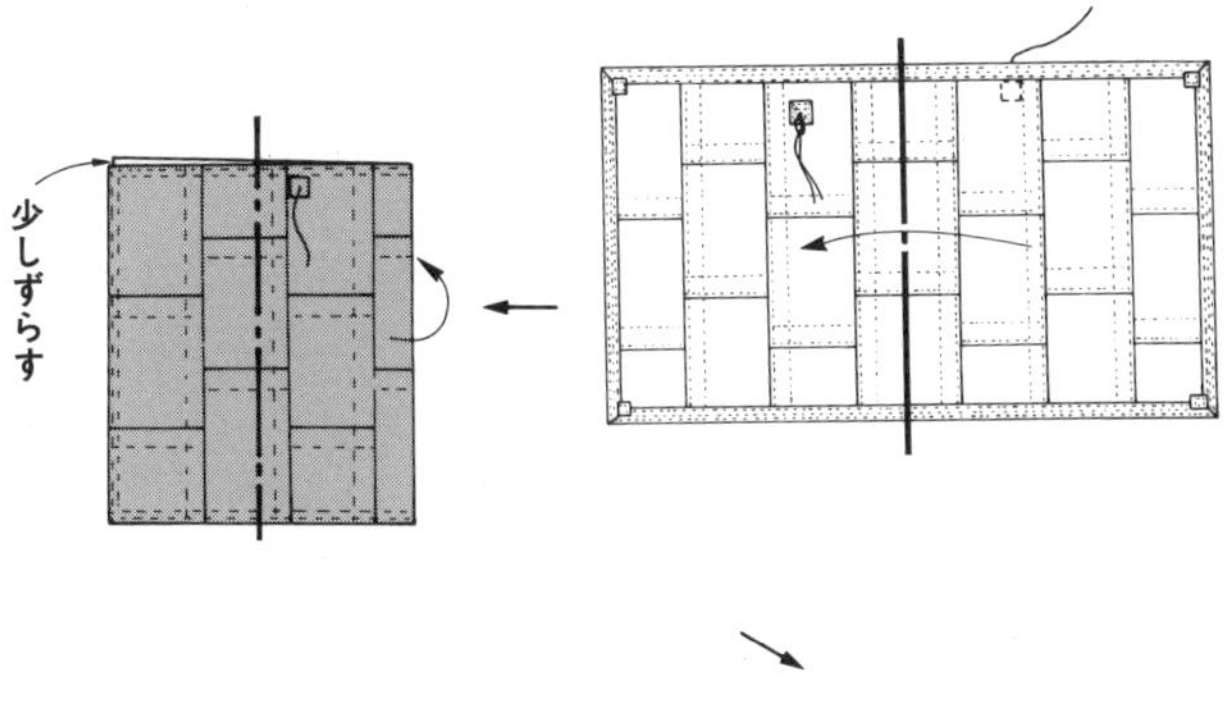

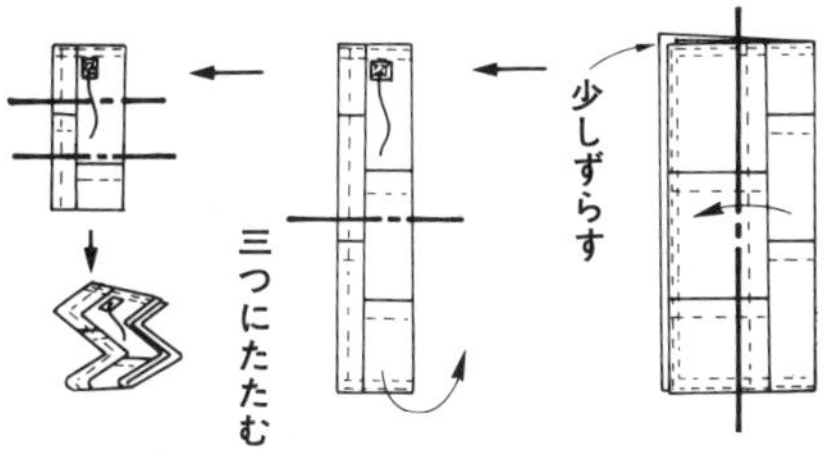

一二　袋に納める

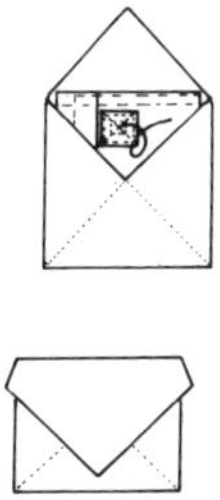

あとがき

私が初めて袈裟の本（『袈裟の研究』大法輪閣刊）を出版して、はや三十数年が経ちました。

そして二冊目の袈裟の本（『袈裟のはなし』法蔵館刊）が出版されたのが十年余り前のことです。私にとっては両書とも忘れられない思い出であると共に、好縁に恵まれたことを深く感謝しています。特に二冊目の『袈裟のはなし』は写真もたくさん入りとても立派な本でした。

しかし、両書共少し専門的な部分もありましたので、もし機会があれば、もっと一般的な袈裟入門書をまとめてみたいと常に思っておりました。そんな矢先、法蔵館上別府茂編集長様より、とてもわかりやすい『珠数のはなし』という本を送っていただき、このような形で袈裟の本が出せないものかというありがたいアドバイスをいただきました。願ってもないことで早速筆を取った次第です。

視点や思考を変えてみると、とても楽しい仕事でした。でも結局は、終始編集部の岩田直子様にお世話をおかけし、小生の足りない部分をよく補って下さり、どうにかこのようにまとまったわけです。

『袈裟のはなし―ほとけのこころとかたち―』『良寛入門―仏のモノサシ・人のモノサシ―』に引き続きこのようなすばらしい機会を与えて下さった、法蔵館社長様はじめ、社内の皆々様に厚く御礼申します。

日本のみならず、世界の各地でも、一人でも多くの人々に関心を持っていただければ、何よりの幸いです。

二〇〇〇年一〇月二〇日

久馬慧忠

久馬慧忠（きゅうま　えちゅう）
1934年神戸市に生まれる。53年久馬祖導師について得度。54年駒沢短期大学仏教科卒業。以後、沢木興道老師、内山興正老師に随侍。56年曹洞宗・東善寺（舞鶴市）住職。66年曹洞宗・成福寺へ転住、現在に至る。68年より春秋2回（5日間ずつ）一宮福田会（袈裟講習会）を主宰。91年より年1回参禅と袈裟把針指導と講演のために渡欧する。多年、坐禅と袈裟と良寛の研究を続ける。現在、曹洞宗東海管区教化センター布教師、NHK名古屋文化センター講師、修験宗総本山金峯山寺講師。
著書に『袈裟の研究』（大法輪閣）、『良寛入門―仏のモノサシ・人のモノサシ―』（法藏館）など多数。

袈裟のはなし

2000年11月6日　第1刷
2010年6月30日　第6刷

著　者　©久　馬　慧　忠

発行者　西　村　明　高

600-8153 京都市下京区正面烏丸東入
発行所　株式会社　法　藏　館
電話075(343)5656・振替01070-3-2743

ISBN 978-4-8318-6410-9　C0015　　印刷・製本　リコーアート